四川省科技计划资助(项目编号:20YYJC4428)

电气化铁路牵引供电系统光伏发电理论与技术

戴朝华　陈维荣　邓文丽　著

科学出版社
北　京

内容简介

本书围绕电气化铁路牵引供电系统光伏发电理论与技术，重点针对其基本原理、拓扑结构、接入形式、系统建模、运行控制、系统适应性、对既有电气结构的影响、优化治理方案、系统经济性、相关扩展应用等问题进行了一系列研究，以期能够构建、设计并优化牵引用光伏发电系统及其关键技术，保证系统的安全、稳定、高效运行，进而为后续示范性工程及商业化应用提供一定的技术参考。

本书相关内容新颖、丰富，具有前瞻性，可供高等学校高年级本科生、研究生和教师学习，也可供相关工程技术人员参考。

图书在版编目(CIP)数据

电气化铁路牵引供电系统光伏发电理论与技术/戴朝华，陈维荣，邓文丽著. —北京：科学出版社，2020.5

ISBN 978-7-03-063914-1

Ⅰ.①电… Ⅱ.①戴… ②陈… ③邓… Ⅲ.①电气化铁道-牵引供电系统-太阳能光伏发电-研究 Ⅳ.①U223.6

中国版本图书馆 CIP 数据核字（2019）第 300547 号

责任编辑：华宗琪／责任校对：彭 映

责任印制：罗 科／封面设计：墨创文化

科学出版社出版

北京东黄城根北街16号

邮政编码：100717

http://www.sciencep.com

四川煤田地质制图印刷厂印刷

科学出版社发行 各地新华书店经销

*

2020年5月第 一 版 开本：B5（720×1000）

2020年5月第一次印刷 印张：8 1/2

字数：171 000

定价：99.00 元

（如有印装质量问题，我社负责调换）

前　言

铁路建设对于我国拉动经济增长、促进民族团结和增强国际地位等方面意义重大。截至 2018 年底，全国铁路营业总里程达 13.1 万 km，其中高速铁路达 2.9 万 km，处于世界领先水平。而电气化铁路作为一个特殊的大工业用户，能耗巨大，仅 2017 年电气化铁路消耗电量就高达近 700 亿 kWh。为实现铁路系统的节能减排，我国铁路行业先后制定并颁布了多项政策规划，如《铁路“十二五”节能规划》《铁路“十三五”发展规划》《关于支持铁路建设实施土地综合开发的意见》等，明确提出要在铁路沿线站段按照因地制宜、多能互补原则，推广及应用新能源和可再生能源，加大节能减排力度，推动铁路绿色发展。另外，据能源基金会《2035 全民光伏发展研究报告》统计，我国铁路沿线存在大量铁路所有的土地，以及变电站、开闭所等屋顶、空地等未开发利用，其中仅铁路路基护坡就达约 40000 万 m^2，全国铁路光伏装机潜力高达 292.1GW。因此，光伏接入铁路系统成为自然且必然的时代话题。

以往的相关研究多集中于光伏发电在非牵引领域的应用，但是从推动绿色铁路的要求来看，牵引领域(机车用能)的能耗结构优化比非牵引领域(除机车之外的用能)更为关键，其不仅有利于铁路绿色发展、推进轨道交通能源互联网建设，同时可促进光伏电能就近消纳，拓宽其商用化市场，社会、经济、环境效益显著。但电气化铁路应用环境的特殊性(如分相供电、牵引负荷与光伏双重随机波动、多车牵引/制动轮替等)，使得我国铁路牵引供电系统的光伏接入较为复杂，目前相关研究十分匮乏，因此亟须对光伏接入牵引供电系统的基本原理、拓扑结构、接入形式、系统建模、运行控制、系统影响与补偿、多方经济性分析等问题进行系统深入的研究。

为此，作者结合近年来的教学与科研成果编写本书。概括来讲，全书共 8 章：

第 1 章绪论，首先通过分析光伏发电与电气化铁路的当前发展形势、学术背景，阐述光伏发电应用于电气化铁路牵引供电系统的发展潜力与意义；然后分别从光伏发电在非牵引领域、直流牵引供电系统、交流牵引供电系统中的应用现状三方面进行梳理、归纳，对比分析光伏发电接入电气化铁路牵引供电系统的技术难点，通过总结既有研究存在的不足，多方位剖析亟待完善的关键问题并指出本书的研究重点；最后简要介绍本书的主要研究内容及方法。

第 2 章重点介绍光伏发电系统与牵引供电系统的基本原理及建模，首先基于光伏发电系统建模原理，建立包括光伏阵列模型、光伏发电最大功率点跟踪控制模型以及适用于大规模长时间尺度的光伏发电功率估算模型，并对各部分进行仿真验证；然后理论研究牵引供电系统的拓扑结构，逐一对牵引变压器端口特性、牵引负荷特性以及牵引供电系统的电能质量问题进行分析。此部分为后续章节的理论及仿真研究奠定基础。

第 3 章针对光伏发电系统三相接入方案及其适应性展开研究，首先给出三相接入方案下的系统拓扑结构并理论分析系统运行特性，验证变压器有效组合形式并建立系统控制策略；然后基于 MATLAB/Simulink 建立三相接入方案下的系统联合仿真模型，搭建功率等级铁光互补实验平台，仿真及实验验证三相接入方案的有效性；最后通过典型工况对三相接入方案下的适应性问题进行仿真及实验分析，主要围绕光伏接入前后电能倒送、无功、负序、谐波等问题进行探讨，指出现存问题并给出相关应用建议。相关研究结果能够为第 4 章研究提供设计及对照依据。

第 4 章重点针对光伏发电系统背靠背接入方案及系统适应性展开研究，首先给出背靠背接入方案下的系统拓扑结构并理论分析系统运行特性，给出限幅电流动态修正的系统能量分配方法及多变流器协调控制策略；然后基于 MATLAB/Simulink 搭建背靠背接入方案下的系统联合仿真模型，并验证接入方案及模型的有效性；接着基于牵引侧、光伏侧的实测数据，通过大规模长时间尺度算例分析，对最优接入方案进行对比，指出背靠背接入方案更具普适性；基于此，最后重点针对背靠背接入方案下的系统适应性问题进行深入探讨，具体针对光伏接入后的负序、无功、光伏电能消纳能力等问题进行理论及仿真分析。相关结果是第 6 章治理对策方案设计的理论依据。

第 5 章为探讨光伏接入对牵引侧既有电气结构的影响，以某实际牵引变电站作为研究对象展开工程分析，首先对比分析光伏接入前后对电气一次侧总体设计的影响，包括主接线及运行方式的影响、新增设备及接地/回流方案的改进等；然后对电气二次侧可能造成的影响，包括对继电保护方案、自动装置及电费计量方案等进行分析；基于此，接着提出电费计量方案的建议，指出针对中小容量光伏发电系统宜采用 27.5kV 侧的计费方案；最后结合前期研究基础，分析项目实施过程中不同接入光伏方案对牵引供电质量的影响，并指出对应的应用建议。相关研究结果能够为第 6 章优化方案设计及第 7 章经济性分析提供理论依据。

第 6 章基于普适性更强的背靠背接入方案，分别给出两种可行的治理对策，以应对光伏接入过程中可能遇到的适应性问题。①提出一种考虑电能质量综合补偿的复合优化控制方法：首先给出控制系统结构；然后逐一建立光伏发电系统综合能量分配策略以及含电能质量指标参数约束的背靠背变流器优化补偿数学模型，联合第 2 章，共同构成该系统的复合优化控制方法；最后通过预设工况及不同场景下的实测数据进行多角度仿真验证及分析。②分析在光伏发电系统中加入储能系统的应用方案：首先给出并分析背靠背光伏储能系统结构及运行特性；然后考虑储能系统的三个重要特性参数，并建立含储能系统的协调控制策略；最后对比分析并验证光伏储能系统的有效性。相关研究成果能够优化光伏发电系统运行状态，并为第 7 章经济性分析提供建模基础。

第 7 章为进一步评估背靠背光伏储能系统的经济性，首先在第 6 章的基础上建立背靠背光伏储能系统的经济性模型，充分考虑了效率、成本、收益、衰减、残值等因素；然后考虑到资金的时间属性，在对背靠背光伏储能系统的收益进行逐年计算后利用净现值法进行折算，并确定投资回收期和效益成本比为经济性指标；最后对不同地区、系统参数、成本参数、收益参数、配置方案下的经济性进行计算。相关研究结果能够为实际工程应用中优化配置光伏/储能单元容量提供一定的理论依据。

第 8 章扩展介绍光伏发电在城市轨道交通中的应用，首先针对城市轨道交通供电系统进行概述，分别对地铁、轻轨、有轨电车等不同供电工程下的负荷用电特性进行分析；然后研究光伏发电在城市轨道交通中的并网技术，指出五种可行的并网运行模式，并对各种模式下的接入特性进行分析；最后对光伏发电在车辆段、高架车站、高架区间、地下站出入口集散广场、道路照明、车载光伏、控制中心等地的应用方案及国内外应用现状进行详细分析与梳理总结。相关研究成果能够为推动光伏接入下的轨道交通工程建设提供一定的技术参考。

受作者水平限制，书中难免存在不足之处，望同仁与读者不吝指正。

作者
2019 年 8 月

目　录

第1章　绪　　论

1.1　研究背景与意义

在众多的新能源应用形式中，光伏发电因其无噪声、无污染、不受地域限制、易于分散布局等优点备受青睐，其建设规模呈现爆发式增长，如图 1-1 所示。据国家能源局相关统计数据显示，截至2018年底，全国光伏新增装机容量达4426万kWp，累计装机容量 1.74 亿 kWp，新增装机容量和累计装机容量均占世界第一。其中，光伏电站累计装机容量 12384 万 kWp，分布式电站累计装机容量 5061 万 kWp，分布式光伏装机容量较集中式增速显著，同比增长约 71%[1]，远提前突破了《能源发展战略行动计划(2014—2020 年)》中的建设预期，即到 2020 年底全国光伏发电总装机容量达到 1 亿 kWp 的战略目标[2]。然而，在大规模开发的同时，受系统调峰能力、电源装机、送出通道等因素限制，全国各地弃光现象频发，仅 2018 年全国弃光总量已达 54.9 亿 kWh，其中以甘肃、新疆地区最为严重，弃光率高达 10%、16%，能源消纳问题成为制约其发展的技术瓶颈[3]。而光伏“531”（即国家发展改革委员会、财政部、国家能源局联合发布的《关于 2018 年光伏发电有关事项的通知》）等一系列新政的出台又进一步下调光伏补贴、管控建设规模，因此如何构建新型光伏自消纳应用模式是推进光伏产业稳健发展亟待解决的问题。

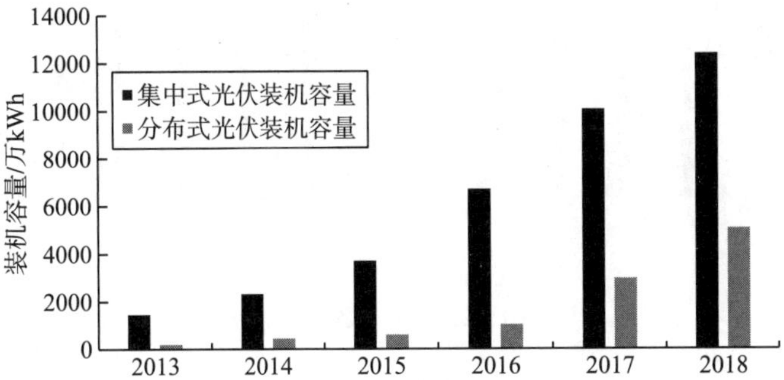

图 1-1　2013～2018 年我国光伏发展现状

为解决光伏电能消纳难题：一方面，国内部分学者针对其影响机制及相关解决措施进行了探讨，指出在用户侧实现电能替代，推进需求侧建立以消纳为主的微电网、能源互联网等新模式是一项有效解决途径[3,4]；另有部分学者从经济性层面指出，以分布式的形式在用户侧接入有利于光伏平价上网[5]。另一方面，国家发展和改革委员会、国家能源局等部门在《2035 全民光伏发展研究报告》《关于做好 2018 年重点领域化解过剩产能工作的通知》等各项文件中，均先后多次提出要优化开发布局与模式，积极推进清洁能源替代，实现就近消纳[6]；同时在印发的《解决弃水弃风弃光问题实施方案》中，明确提出应重点在交通运输、生产制造、居民采暖等领域，加快实施电能替代，开展分布式发电接入试点，拓宽应用模式及渠道，实现光伏电能的就近消纳[7]。

而近年来，在全球能源互联网的发展浪潮下，轨道交通能源互联网概念应运而生，作为多元能源链协同优势互补的重要环节，其核心目标之一是利用牵引网络开放性实现可再生能源的就近消纳，提高分布式能源供电渗透率，促使能源供应模式由单一电源结构向多元电源结构转型[8-10]。基于此，本书主要以我国电气化铁路作为研究对象，其负荷具有以下显著特征：

(1)分布广。如图 1-2 所示，截至 2018 年底，全国铁路运营总里程已达 13.1 万 km，其中高速铁路达 2.9 万 km，铁路电气化率已超 60%，居世界领先水平[11,12]。同时根据国家发展改革委员会印发的《中长期铁路网规划》(2016—2025 年)，预计到 2025 年，我国铁路网规模将达 17.5 万 km，其中高速铁路达 3.8 万 km，形成“八纵八横”的主骨架[13]。而能源网与交通网在地理空间上存在天然交集。

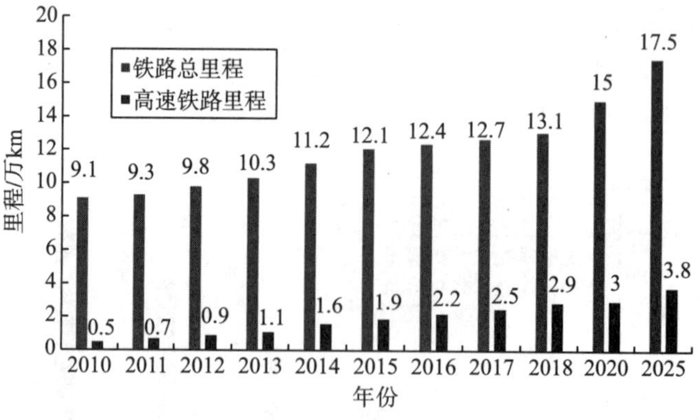

图 1-2 2010～2025 年中国铁路发展现状与预测

(2)能耗大。电气化铁路作为一个特殊的大宗工业用户，内部的单车负荷运行功率大，行车密度高，带来了巨大的能耗问题。据统计，仅 2016 年我国电气化铁路消耗电量就高达 600 亿 kWh，相当于每年消耗 240 亿 kg 标准煤，排放约 600

亿 kg 二氧化碳、18 亿 kg 二氧化硫、9 亿 kg 氮氧化合物，其中牵引用能部分占到了铁路总能耗的 50%以上[9,14]。而随着我国铁路高速、重载化的大力推进，牵引功率还将与日俱增，表 1-1 为 2017 年全国铁路光伏装机潜力数据，由统计值可知铁路系统具有极好的新能源消纳潜力[15]。

表 1-1 2017 年全国铁路光伏装机潜力数据

参数分类	取值	参数分类	取值	参数分类	取值
铁路营业里程/万 km	12.7	全国铁路装机潜力/GW	292.1	基本场景(开发强度 40%)/GW	116.84
每千米装机容量/kWp	2300	保守场景(开发强度 20%)/GW	58.42	积极场景(开发强度 60%)/GW	175.26

为实现铁路系统的节能减排，一方面，国内部分学者指出在铁路行业推进新能源和可再生能源利用，不仅可促进铁路系统的低碳化运营，甚至可能在局部地区率先实现无碳化运输，而实现这一目标的关键在于能耗占比较大的铁路牵引用能[14,16]。另一方面，近年来，我国铁路行业也先后制定并颁布了多项政策规划，如《铁路“十二五”节能规划》《铁路“十三五”发展规划》《铁路主要技术政策》《关于支持铁路建设实施土地综合开发的意见》等，明确提出要积极推进铁路土地综合开发利用，鼓励铁路建设按照因地制宜、多能互补的原则，在铁路沿线站段开发利用新能源，加大节能减排力度，构建新型产业协同模式[16-18]。本书光伏接入电气化铁路牵引供电系统属于“铁光互补”新模式，很好地顺应了当前发展趋势。

综上可知，将光伏发电以适宜的方式应用于电气化铁路牵引供电系统，具有以下几点明显的优势：

(1) 可充分利用铁路系统庞大的土地资源，减少外购电量，节省一部分用电成本。

(2) 能够有效提高铁路系统的可再生能源利用比例，实现节能减排并促进轨道交通能源互联网的发展。

(3) 由牵引负荷直接消耗光伏所发电能，可实现光伏电能就近消纳，同时以牵引供电系统作为并网点，可以改善光伏发电系统的经济性，有利于促进新型光伏自消纳应用模式。

可见光伏发电的社会、经济、环境效益显著。但目前国内外针对光伏发电在电气化铁路中的应用主要集中于非牵引领域(除机车之外的用能)，能耗占比更高的牵引领域(即机车用能)未受到应有的重视，国内能够涉及的相关研究为数尚少。因此，为实现光伏发电在牵引供电中的应用，亟须对光伏发电应用于牵引供电系统的基本原理、拓扑结构、接入形式、系统建模、运行控制、系统适应性、对既有电气结构的影响、优化治理方案、系统经济性等问题进行一系列研究，以期能够构建、设计并优化牵引用光伏发电系统，以保证系统的安全、稳定、高效运行，进而为后续示范性工程及商业化应用提供一定的技术参考。

1.2 光伏储能技术及牵引供电系统发展概况

1.2.1 光伏发电技术概况

光伏电池是光伏发电中的最小单元，其基本原理是半导体 PN 结的光生伏打效应。通过串并联，光伏电池可构成光伏组件，而为了获得更高的电压和功率，又由光伏组件经过串、并联来构成光伏阵列。国内外对于光伏发电的研究起步较早，目前已有各方面较为成熟的研究成果。

光伏电池的数学模型是对光伏发电进行研究的基础。光伏电池的等效电路模型中包括五个参数，而这些参数不仅与温度和光照强度有关，同时难以确定。文献[19]建立了光伏电池的工程数学模型，该模型只需使用生产商提供的标准测试条件下的开路电压 U_{oc}、短路电流 I_{sc}、最大功率点电压 U_{mp}、最大功率点电流 I_{mp} 四个参数，就可在工程精度下完整地复现光伏电池的输出特性。

光伏电池是一种非线性的直流电源，根据其输出特性，在某一确定的工况下，光伏电池有且只有一个最大功率点。因此，在应用光伏电池时，需要使用最大功率点跟踪(maximum power point tracking，MPPT)技术，控制光伏电池工作在最大功率点上，从而最大限度地获取光伏电能。光伏电池的 MPPT 实际上是一个阻抗匹配的过程，文献[20]对常用的 MPPT 算法进行了介绍，包括固定电压法、扰动观察法、电导增量法等传统算法，以及模糊逻辑法、神经网络法、滑模控制法等智能算法。

并网光伏发电系统目前已有较为广泛的应用，其发电形式可分为多种。根据接入电力系统的位置不同，并网光伏发电系统有单相和三相之分，单相并网光伏发电系统多用于小功率、家用系统。根据光伏装机容量大小，并网光伏发电系统有小型、中型、大型之分，《光伏发电站设计规范》(GB 50797—2012)中规定了光伏装机规模小于 1MWp 的为小型并网光伏发电系统，宜采用 0.4～10kV 电压等级接入系统；光伏装机规模大于 1MWp 且不大于 30MWp 的为中型并网光伏发电系统，宜采用 10～35kV 电压等级接入系统；光伏装机规模大于 30MWp 的为大型并网光伏发电系统，宜采用 35kV 电压等级接入系统。另外，并网光伏发电系统还有分布式和集中式之分[21]，分布式并网光伏发电系统往往位于用户附近，在发电时可实现自发自用、余电上网，电能不足时也可向电网购电；集中式并网光伏发电系统往往位于光照资源丰富且稳定的荒漠地区，通过高压输电系统将所发电能全部并入电网。

并网光伏发电系统根据实现其MPPT的电路结构不同，可分为单级式、两级式和多级式[22]，鉴于电力电子器件存在开关损耗，多级式的拓扑结构使用不多。单级式并网光伏发电系统中，光伏阵列与逆变器直接连接，逆变器控制光伏阵列的工作电压为最大功率点电压。这种拓扑结构效率较高，但不利于控制[23]。两级式并网光伏发电系统中，光伏电能先通过直流-直流(DC/DC)变换器实现升压、MPPT，再由逆变器控制直流母线的电压稳定。这种拓扑结构控制简单，且易于增加储能环节[24]，实际中应用较为广泛。另外，从并网光伏发电系统整体的角度看，其MPPT方案可分为组串式、集散式、集中式[25]。组串式方案中，规模较小的光伏阵列输出的电能通过逆变器实现升压、MPPT、逆变，各逆变器输出的交流电能通过交流汇流箱汇流至交流母线；集散式方案中，规模较小的光伏阵列输出的电能经过DC/DC变换器实现升压、MPPT后通过直流汇流箱汇流至直流母线，再经过容量较大的逆变器进行逆变；集中式方案中，大规模光伏阵列输出的电能直接通过大容量逆变器实现升压、MPPT、逆变。

1.2.2 储能技术应用概况

随着光伏发电在电力系统的渗透率越来越高，光伏出力的波动性会增大电力系统的运行控制难度，降低系统对光伏电能的接纳能力，造成“弃光”现象。将光伏发电与储能配合使用，可在一定程度上解决上述问题。储能对光伏发电的作用主要体现在[26]：①平滑光伏出力的波动性，提高可控性；②跟踪光伏发电计划出力，提高光伏储能系统出力的可预测性；③参与削峰填谷，提高可调度性。

文献[27]对储能装置的分类及目前国内外已有的示范项目作了详尽的叙述，目前人类已探索和开发的储能形式大致包含：①机械储能，包括抽水蓄能、压缩空气储能、飞轮储能；②化学储能，包括铅酸电池储能、液流电池储能、钠硫电池储能、锂离子电池储能；③电磁储能，包括超导储能、超级电容储能。文献[27]还指出，单一的储能技术难以同时满足能量密度、功率密度、储能效率、使用寿命以及成本性能的要求，因此混合储能系统(hybrid energy storage system，HESS)是更有发展前景的应用形式。

在配合大规模光伏发电系统的运行时，储能系统的作用往往是平抑功率波动。目前，国家标准《光伏发电站接入电力系统技术规定》(GB/T 19964—2012)以及国家电网企业标准《光伏电站接入电网技术规定》(Q/GDW 1617—2015)均对光伏电站的有功功率波动率最大值作了相关规定。为了实现储能对光伏出力的平抑作用，学术界已提出了多种控制方法，如低通滤波(low pass filter，LPF)法[28]、移动平均(moving average，MA)法[29]、傅里叶变换(Fourier transform，FT)法[30]、小波变换(wavelet transform，WT)法[31]、功率预测法[32]等。

合理地配置储能容量是平抑光伏出力的前提，但经济性也是需要重点考虑的一个因素。文献[33]建立了储能系统的通用净现值优化模型，分析了储能装置类型的选择原则、复合储能形式的容量配比确定方法，同时给出了补偿效果、安全性、可靠性、经济性等方面的评价指标和评价方法。文献[34]以储能系统投资收益最大为目标，结合储能平滑效果，得到了经济性最优的储能系统容量配置方案，同时指出了当前锂离子电池储能系统高昂的成本降低了储能系统的经济性，但随着储能系统的成本降低，其经济性将得以提高。文献[35]提出了一种利用移动平均和经验模态分解获得 HESS 参考功率和容量配置的方法，并构建了 HESS 的成本-效益模型，得到了净效益最大的最优配置方案。文献[36]建立了混合型孤立微网从投资建设、运行维护到回收利用的全寿命周期经济性评估模型，并针对不同调度策略进行经济性分析，研究结果体现出混合型孤立微网在节能与经济性上的优势。文献[37]建立了全面计算储能系统各类成本的全寿命周期成本模型，给出了用户侧电池储能在全寿命周期内的优化投资策略，同时指出了在两部制电价机制下各种储能系统的安装成本必须要下降才能使用户侧的电池储能系统达到经济可行。

1.2.3 牵引供电系统概况

牵引供电系统是保证铁路安全、稳定、高效运营的重要基础设施之一，是列车运行的动力源泉。现行的牵引供电制式包括直流制、低频单相交流制、三相交流制和工频单相交流制四种，不同的供电制式适用于不同类型的牵引供电系统。我国的电气化铁路牵引供电系统采用工频(50Hz)单相 25kV 交流制[38]，主要优势在于其结构简单，无须在牵引变电站设置整流或变频装置。牵引供电设施的分布按满足线路设计最高速度以及行车组织确定的最小追踪运行间隔进行设计，采用 110kV、220kV 及以上电压等级供电，其较高的电压等级既可保证大功率电力机车的供电，又可使牵引变电站之间的间隔延长。

图 1-3 为电力系统向电气化铁路供电示意图，其中牵引供电系统由牵引变电站和牵引网两部分组成，牵引变电站将电力系统送来的电能转变为适用于电力牵引的电能，然后分别送到沿铁路线上空架设的接触网，为电力机车供电。当某牵引变电站解列时，通过分区所实现由相邻变电站的越区供电。

目前，我国牵引变电站的形式大致形成了以普速、200～250km/h、300～350km/h 的三类技术标准体系[38,39]。而受电力机车移动特性和行车组织方式的影响，现阶段牵引变电站具有负荷率低(高速重载线路较高)、过载率高和牵引变压器负载率低的显著特点，表 1-2 为不同线路类型下的负荷率及牵引变压器容量利用率。

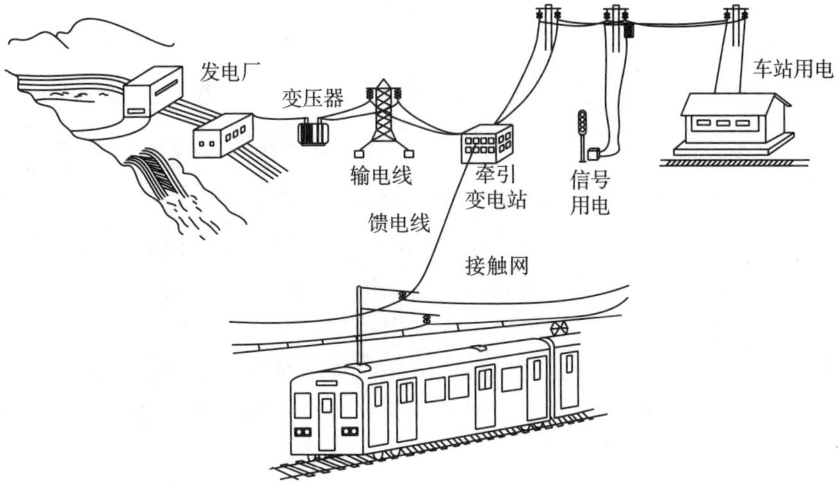

图 1-3　电力系统向电气化铁路供电示意图

表 1-2　不同线路类型下的负荷率及牵引变压器容量利用率

线路类型	运输组织	负荷率/%	过载率/%	牵引变压器负载率/%
单线	列车对数少，空载率高	20	200	15
双线	列车对数多	42	200	30
高速铁路	列车对数极多	70	200	50
重载铁路	列车对数一般	75	200	15

注：负荷率=全天平均负荷/最大负荷(1h 或 0.5h)；过载率=牵引变压器绕组短时电流/额定电流；牵引变压器负载率=牵引变压器全天平均功率/额定容量。

牵引网根据供电能力大小、接触网架设环境、电磁兼容要求等条件，有以下几种不同的供电方式[40]：①直接供电方式，其结构简单，投资少，维护费用低，但对弱电系统的电磁干扰较大；②吸流变压器供电方式，其防干扰效果好，但供电臂阻抗大，电压损失大，牵引变电站间距小，目前已基本不采用；③带回流线的直接供电方式，此方式基本能满足对弱电系统电磁防护的需要，是目前比较常用的一种供电方式；④自耦变压器供电方式，其供电臂阻抗小，牵引变电站间距大，供电能力强，并且由于正馈线的作用，对弱电系统的电磁防护效果与吸法变压器(boosting transformer，BT)供电方式相当，在高速铁路中普遍采用此类供电方式。

1.3 光伏发电在铁路系统中的应用现状

目前国内外已有较多单独研究光伏发电技术、牵引供电系统的相关文献，但将光伏发电系统与牵引供电系统相结合的研究还较少，现已投运的商用化工程案例主要集中于非牵引领域，牵引领域的相关研究仍处于理论及少量的工程示范阶段。基于此，本章分别对光伏发电在非牵引领域、牵引领域中的应用现状两方面进行梳理、归纳，对比分析光伏接入电气化铁路牵引供电系统的技术难点；通过总结既有研究存在的不足，多方位剖析亟待完善的关键问题并进一步指出本书的研究重点。

1.3.1 光伏发电在非牵引领域中的应用

由于铁路沿线站段众多，且用能相对集中，同时具备大范围使用电力牵引的技术条件，这为融合光伏发电技术创造了条件。因此，各国铁路行业较早就开始了光伏发电应用于铁路非牵引领域中的相关研究，绝大多数都是利用光伏发电为沿路车站、通信系统、车辆检查场等地供能，部分试点项目已取得了较好的环境及经济效益，如图 1-4 所示，其中又以日本、德国、美国为典型代表。

图 1-4　世界各地非牵引领域光伏发电应用现状

日本各大铁路公司从 20 世纪 90 年代便陆续开展了对车站屋顶光伏发电以及沿铁路线分布的光伏电站的研究，先后在东京站、京都站、高崎站等几十个站点进行了应用[41]。与此同时，光伏发电系统的建设规模也在逐渐扩大，如东日本铁路公司 1993 年在东京站安装完成的 30kWp 屋顶光伏发电系统，于 2011 年扩建至 453kWp，产生的电能直接为站内照明设施、空调等负荷供电[41,42]。此后，该公司又于 2012 年在平泉站实现了“零排放车站”的目标，晴朗的天气时该站用能全部取至站旁(安装于铁路旁边空地上)78kWp 光伏发电系统与配套的 240kWh 锂离子电池[41,43]。除此之外，名古屋铁道株式会社先后在丰明、犬山、舞林等处的车辆检查场利用太阳能进行热电联供，均取得了很好的节能效果[44]。美国也较早进行了此类研究，20 世纪 80 年代便开始在堪萨斯城南方铁路上装设了 59 个光伏供电装置，为沿线的转辙机、轨道电路、地面信号机供能[45]。纽约 Stillwell Avenu 地铁车站大规模利用非晶硅薄膜电池建立了 210kWp 屋顶光伏发电系统，在晴朗的天气时能够提供该车站 65%的电力需求，全年平均可提供 15%的电力需求[46]。目前，德国铁路在吸纳新能源方面已有了规模的应用，约有 10%的电能来自新能源，远高于全国 6.25%的平均值[46]。其中，光伏发电占据了较大比例，以 2002 年在新柏林总站上安装的 189kWp 高效能光伏发电设备为例，仅在投入之初的 4 个星期内就输送了 2.2 万 kWh 电能[14]。其他国家如巴基斯坦、意大利、孟加拉国等地的车站、沿线通信系统中也已有了类似的应用[47-49]。

我国铁路行业也较早开展了光伏发电技术的研究、开发及推广应用工作。1993～1994 年，海南铁路电务段就先后将光伏发电装置应用于信号脉冲轨道电路与通信无线列调设备中，在运行过程中未出现任何故障问题[12]。此后，青藏铁路唐古拉山口至格尔木段又陆续建立了 35 座 1kWp 通信用光伏电站，解决了恶劣环境下山上、山下的通信问题。而近年来，我国一些正在改扩建的车站和大型高铁站正大力开展屋顶光伏并网发电工程，例如，武汉火车站在车站顶棚上安装了 2.2MWp 光伏发电系统，日均发电超 5000kWh；杭州火车东站屋面光伏总装机容量达 10MWp，据估计，年发电量近 1000 万 kWh，相当于每年可减少消耗 276.9 万 kg 标准煤，减少排放约 710.8 万 kg 二氧化碳、44.3 万 kg 烟尘、5.5 万 kg 二氧化硫、2.4 万 kg 氮氧化合物，其发电量足以维持站内每天的能耗，这也使得杭州火车东站成为“零碳排放建筑”；同时其装机规模也在逐年增大，以南京站为例，其装机容量达 10.67MWp，至 2013 年正式并网后，便成为全球最大的单体并网发电的光电建筑；除此之外，上海虹桥站(6.5MWp 装机容量)、青岛站(500kWp 装机容量)和北京南站(240kWp 装机容量)等站点也进行了相应的应用，取得了较好的经济及社会效益[12,50,51]。

1.3.2　光伏发电在牵引领域中的应用

从能耗占比来看，牵引领域的能耗结构优化比非牵引领域的能耗结构优化更利于实现铁路的低碳及无碳化运输，但出于运输安全性考虑，牵引领域的能耗结构的优化并未受到应有的重视，目前能够涉及的研究还相对较少。概括来说，光伏发电在牵引领域中的应用可分为：①在直流牵引供电系统中的应用；②在交流牵引供电系统中的应用。由于直流牵引供电系统具有结构简单、鲁棒性强等优点，光伏接入较易实现，故在直流牵引供电系统中的研究较交流牵引供电系统成熟。

文献[52]中东日本铁路公司在将智能电网技术应用于铁路供电系统的可行性研究中，基于高崎站(装设有 200kW 屋顶光伏发电系统)大量实测数据，提出两种光伏向直流牵引网供电的传输路径：①光伏发电系统利用 6.6kV 交流配电线经牵引变电站向机车供电，电能由 AC(交流) 6.6kV 转变为 DC(直流) 1.5kV；②光伏直接接入 DC 1.5kV 直流馈线，如图 1-5(a)所示，通过对比分析两种路径下的功率损失，指出光伏电能由传输路径 2 传输更高效。文献[53]介绍了意大利铁路系统将光伏发电系统经逆变、整流后向 DC 3kV 牵引供电系统供电的方案，如图1-5(b)所示，同时针对不同的系统配置方式，进行了初步的技术及经济评估。文献[10]基于交通能源互联网，指出可基于中压直流牵引供电系统实现电网-轨道交通-电动汽车-可再生能源系统的互联，但暂未做进一步的深入探讨。

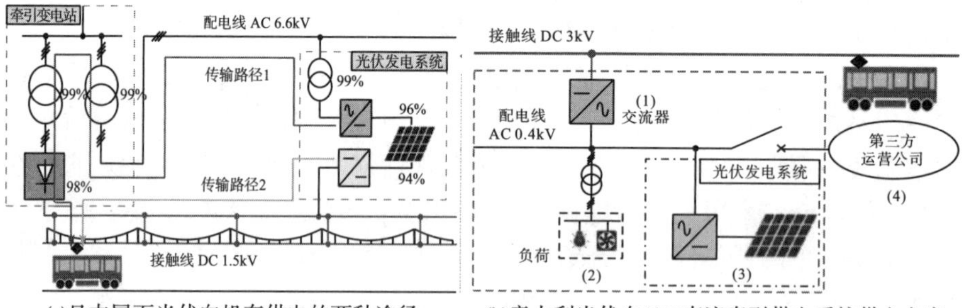

(a)日本屋面光伏向机车供电的两种途径　(b)意大利光伏向3kV直流牵引供电系统供电方案

图 1-5　国外光伏发电系统在直流牵引供电系统中的应用案例

上述直流供电技术方案虽能为光伏发电在交流牵引供电系统中的应用提供部分参考，但是直流牵引供电系统不同于交流牵引供电系统，其无电分相，不会产生负序、谐波、无功等电能质量问题，仅需侧重于对直流馈线电压的控制，光伏发电系统接入也较易实现。

对于交流牵引供电系统，目前德国铁路已有兆瓦级光伏接入的工程案例，文献[54]针对现已投运的两种光伏应用形式，多方面探讨了接入过程所面临的技术挑战及设计难题。形式一为将光伏组件敷设于沿路隔音墙上，如图 1-6(a)所示，从技术层面考量虽方便易行，但在实际投运后却显现出诸多问题：①列车经过时，光伏组件表面会出现阴影遮蔽现象；②在雨雪等恶劣天气下，列车经过时易导致污渍飞溅至光伏组件表面，组件表面污渍覆盖率高；③列车经过时产生的机械应力可能造成光伏电池表面出现裂纹，影响其使用寿命和电能转化效率；④由于隔音墙临近轨道，面向轨道侧的光伏组件后期维护难度大；⑤连接光伏组件的线缆较长、功率损耗高等。相比之下，第二种应用形式更为合理，即在铁路沿线任意位置建立光伏电站，再集中将其接入牵引供电系统，如图 1-6(b)所示，实验结果表明光伏的接入有利于补偿牵引网电压，补偿程度随光伏装机容量增加而提升，但因网压大范围波动会影响逆变器 MPPT 范围、开关器件的耐压水平等，故对光伏逆变器提出了更高的要求。

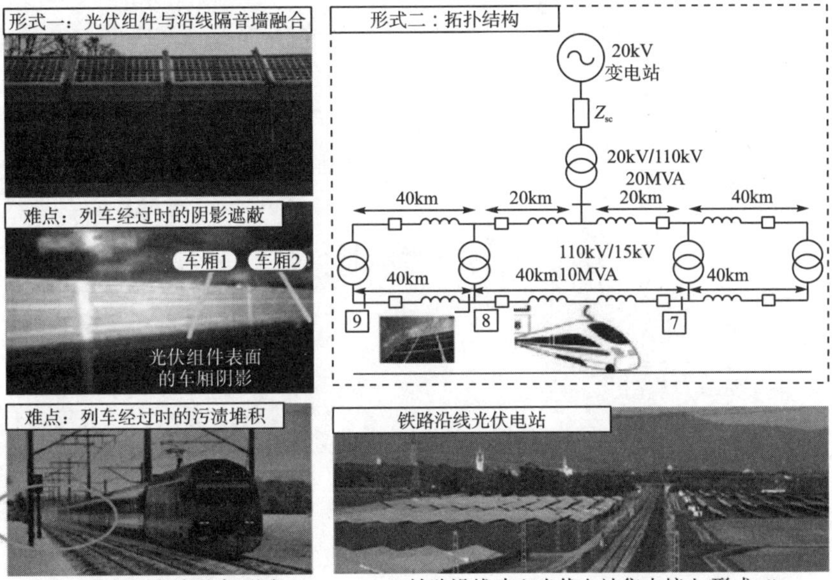

(a)光伏组件与隔音墙融合(形式一)　　(b)铁路沿线建立光伏电站集中接入(形式二)

图 1-6　德国兆瓦级光伏接入同相供电系统的两种应用案例

但是，本书研究的异相牵引供电系统存在过分相、无功、负序、谐波等电能质量问题，电气化铁路与公用电网虽相互关联但却是不同的盈利主体，加之目前尚无相关政策支持能量倒送，这些因素又进一步增加了光伏接入难度。

国内外针对光伏接入交流异相牵引供电系统的研究才刚刚起步，文献[55]提出了一种“捆绑式供电模式”，即光伏电站直接向牵引供电系统供能，由公用电网进行余缺调剂：一方面吸收光伏电站过剩电能，另一方面光伏电站输出不足时提供缺额电量，但文中仅仅提出了相关概念，尚未进行具体的研究。文献[56]和[57]将包含风、光、储的分布式能源系统接入牵引变电站，通过建立多周期最优功率数学模型，提出了一种电气化铁路优化运行方法，并对其节能效果、经济性进行了评估，但尚未对各部分的具体运行特性、接入对电能质量影响等内容进行详细分析。另外，据 2016 年中国电力相关新闻报道，呼和浩特铁路局开展的光伏供电项目已完成一期光伏向铁路非牵引供电工程，二期将着手对光伏接入 27.5kV 牵引供电系统的技术攻关[58]，但目前尚未出现与二期工程相关的后续报道。

除此之外，作者团队前期围绕光伏接入牵引供电系统的基本原理、拓扑结构、接入形式、系统建模、运行控制、系统适应性、安全可靠性、对既有电气结构的影响、优化治理方案、系统经济性等内容已展开了部分研究工作[59-64]，具体内容将在后续章节逐一介绍。

第 2 章　光伏发电系统与牵引供电系统的基本原理及建模

目前已有较多文献单独围绕光伏发电系统、牵引供电系统的理论、建模、仿真、实验等开展了研究，但是鲜少同时针对光伏接入牵引供电系统进行深入分析。由此及彼，可考虑借鉴各部分的研究思路分析其工作原理，为后续章节内容研究奠定理论及仿真基础。基于此，本章首先介绍光伏发电系统拓扑结构及基本组成，着重分析光伏阵列模型、光伏发电最大功率点跟踪控制模型以及适用于大规模长时间尺度的光伏发电功率估算模型的数学建模方法并进行仿真验证；然后理论研究牵引供电系统的拓扑结构，分别探讨牵引变压器端口特性、牵引负荷特性及牵引供电系统的电能质量问题；最后对光伏发电系统总体接入方案进行概述。

2.1　光伏发电系统基本原理

2.1.1　光伏发电系统基本结构

光伏发电系统拓扑结构如图 2-1 所示，主要部分包括光伏阵列、Boost 升压电路、逆变器、*LC* 滤波器、降压变压器、控制及能量管理单元等。光伏阵列所发电能经 Boost 升压电路、逆变器变为符合要求的单相交流电，通过降压变压器在牵

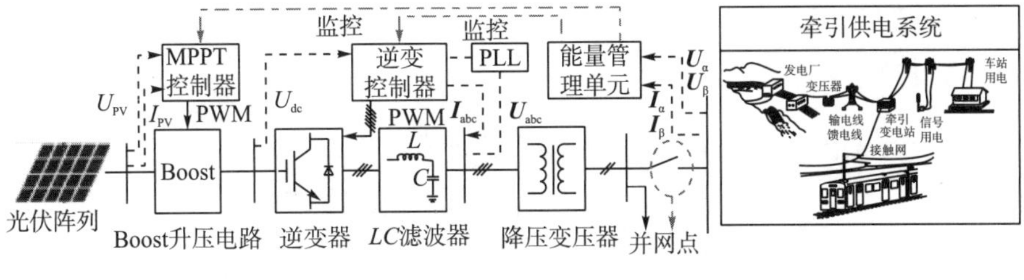

图 2-1　光伏发电系统拓扑结构

PWM 指脉冲宽度调制（pulse width modulation），PLL 指锁相环（phase locked loop）

引供电系统 27.5kV 侧适当位置接入，辅助电网共同为牵引负荷供能。其中，控制及能量管理单元用于控制 Boost 升压电路实现升压及光伏最大功率点跟踪功能，控制逆变器依据牵引负荷实时工况实现光伏发电系统有效并网及电能传输等。由于光伏发电系统不同接入方案所对应的光伏逆变器、降压变压器拓扑结构、系统控制策略有所不同，因此本节着重分析不同接入方案中共同的前端直流部分，逆变器及系统控制策略等相异部分将对应地在第 3～4 章详细介绍。

2.1.2 光伏阵列模型

光伏电池作为光伏阵列的最小组成单元，是一种利用半导体光生伏打效应将光能直接转化为电能的新型能量转换器，内部原理如图 2-2 所示。基于电子学理论，光伏电池单元的等效电路模型如图 2-3 所示。

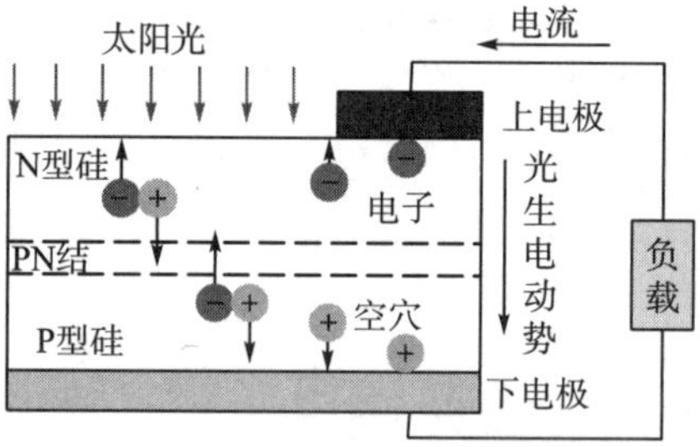

图 2-2 光伏电池光生伏打效应

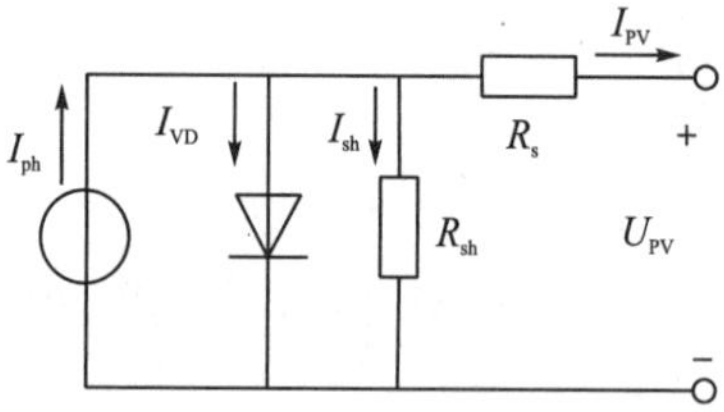

图 2-3 光伏电池等效电路模型

理论上，光伏电池的 I-U 特性曲线方程为[20]

$$I_{PV}=I_{ph}-I_0\left[\exp\left(\frac{q(U_{PV}+I_{PV}R_s)}{AkT}\right)-1\right]-\frac{U_{PV}+I_{PV}R_s}{R_{sh}} \tag{2-1}$$

式中，I_{PV} 为光伏电池的输出电流，A；U_{PV} 为光伏电池的输出电压，V；I_0 为 PN 结反向饱和电流，A；q 为电子电荷，q=1.6×10^{-19}C；A 为 PN 结曲线常数；k 为玻尔兹曼常量，k=1.38×10^{-23}J/K；T 为光伏电池周围的热力学温度，K；R_{sh} 为电池内部等效旁路电阻，Ω；R_s 为电池内部等效串联电阻，Ω。

但在实际应用中，式(2-1)中的 R_{sh}、R_s、I_{PV}、I_0、A 数值的大小与电池表面辐照度、温度相关，会造成确定困难。因此，工程应用中多利用式(2-2)所示工程用数学模型[19]，此模型仅需制造商提供光伏电池在标准测试条件(即温度 T_{STC}=25℃、辐照度 S_{STC}=1000W/m^2)下的开路电压 U_{oc}、短路电流 I_{sc}、最大功率点电压 U_m、最大功率点电流 I_m，即可得到较精确的太阳能电池 I-U 特性。

$$\begin{cases} I_{PV}=I_{sc}\left\{1-C_1\left[\exp\left(\dfrac{U_{PV}}{C_2U_{oc}}\right)-1\right]\right\} \\ C_1=\left(1-\dfrac{I_m}{I_{sc}}\right)\exp\left(-\dfrac{U_m}{C_2U_{oc}}\right) \\ C_2=\left(\dfrac{U_m}{U_{oc}}-1\right)\left[\ln\left(1-\dfrac{I_m}{I_{sc}}\right)\right]^{-1} \end{cases} \tag{2-2}$$

通过引入典型补偿系数，其中 a=0.0025/℃，b=0.0005/(W/m^2)，c=0.00288/℃，即可求取任意光伏电池温度 T 和辐照度 S 下的相关技术参数，如式(2-3)所示：

$$\begin{cases} I_{sc}=I_{scSTC}\dfrac{S}{S_{STC}}(1+a\Delta T) \\ U_{oc}=U_{ocSTC}\ln\left[(e+b\Delta S)(1-c\Delta T)\right] \\ I_m=I_{mSTC}\dfrac{S}{S_{STC}}(1+a\Delta T) \\ U_m=U_{mSTC}\ln\left[(e+b\Delta S)(1-c\Delta T)\right] \end{cases} \tag{2-3}$$

式中，$\Delta T=T-T_{STC}$；$\Delta S=S-S_{STC}$。

由于单片光伏电池输出功率小，工程应用上需将大量光伏电池以串并联的形式构成各种功率等级的光伏组件，忽略光伏电池间的性能差异，则 I-U 特性相当于进行了比例放大，此时：

$$\begin{cases} U'_{oc}=N_sU_{oc}, \quad U'_m=N_sU_m \\ I'_{sc}=N_pI_{sc}, \quad I'_m=N_pI_m \end{cases} \tag{2-4}$$

式中，N_s 为光伏电池串联数；N_p 为光伏电池并联数；U'_{oc} 为光伏组件开路电压，V；I'_{sc} 为光伏组件短路电流，A；U'_m 为光伏组件最大功率点电压，V；I'_m 为光伏组件最大功率点电流，V。

投资商再依据光伏电站建设规模，选取合适的光伏组件，通过串并联构成合乎需求的光伏阵列。本书选取 Suntech STP270S-24_Vb 型光伏组件进行研究，在标准测试条件下，其最大功率为 P_m=270Wp，U_{oc}=44.5V，I_{sc}=8.2A，U_m=35.0V，I_m=7.7A，对于 500kWp 的光伏阵列，则在该光伏组件下其串联数为 $N'_s=30$，并联数 $N'_p=62$。基于前文所示数学模型即可在 MATLAB/Simulink 中搭建光伏阵列模型，仿真可得其在不同辐照度、温度下的 *I-U* 特性、*P-U* 特性曲线，如图 2-4 所示。

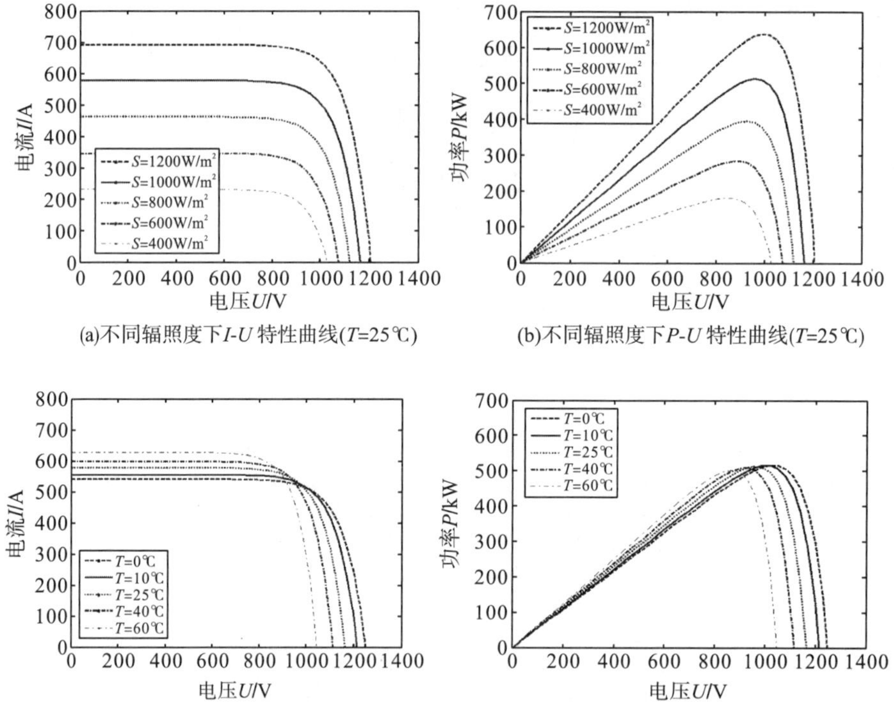

(a)不同辐照度下*I-U* 特性曲线(*T*=25℃)　(b)不同辐照度下*P-U* 特性曲线(*T*=25℃)

(c)不同温度下*I-U* 特性曲线(*S*=1000W/m²)　(d)不同温度下*P-U* 特性曲线(*S*=1000W/m²)

图 2-4　不同测试条件下光伏阵列的 *I-U* 及 *P-U* 特性曲线

由图 2-4(a)可知，在温度一定的情况下，光伏阵列的 *I-U* 特性曲线会随辐照度的增加整体上移，且短路电流增加幅度大于开路电压增加幅度；结合图 2-4(b)可知，此时光伏阵列输出功率随辐照度增加大幅提高；由图 2-4(c)可知，在辐照度一定的情况下，光伏阵列的开路电压随温度的升高而降低，短路电流随温度升高而上升，且开路电压较短路电流变化幅度大；结合图 2-4(d)可知，此时光伏阵列输出功率随温度升高而降低，但变化幅度较小。对比分析易知，辐照度对光伏出力的影响要明显大于温度的影响。

2.1.3　最大功率点跟踪控制策略

由于光伏电池输出易受外界气象条件如辐照度、环境温度、风速、阴影遮蔽等因素影响，具有较大的波动性与间歇性，结合图 2-4(b)可知，在某一确定的外界环境下，存在唯一的最大功率点，因此为保证光伏阵列始终保持最大功率输出，在使用过程中需采用 MPPT 控制技术，常见的 MPPT 方法主要包括扰动观察法、电导增量法、寄生电容法、模糊逻辑控制法、人工神经网络法等[20]，本书主要选用工程应用较多的扰动观察法进行分析。

首先，基于欧姆定律可知，当光伏阵列为最大功率输出时，存在一个等效最大功率点内阻 R_{PV}，即

$$R_{\mathrm{PV}}=\frac{U_{\mathrm{m}}}{I_{\mathrm{m}}} \tag{2-5}$$

其次，由最大功率传输定理可知，当外部等效负荷等于电源内阻时，电源输出功率最大。但光伏出力的间歇性、波动性将导致 R_{PV} 时刻波动，为保证光伏出力的最大化，所接外部负载也需动态波动，因此可考虑利用 DC/DC 变换器实现外部负载的等效变换。图 2-5 为基于 Boost 变换器的 MPPT 控制拓扑图。其中，U_{PV} 为光伏阵列输出电压(V)，I_{PV} 为光伏阵列输出电流(A)，U_{R} 为负载 R 端电压(V)，I_{R} 为流进负载 R 的电流(A)，C_1、C_2 分别为输入、输出电容(F)，D 为二极管，S 为绝缘栅双极型晶体管(insulated gate bipolar transistor，IGBT)，R 为实际连接负载(Ω)，L 为电感(H)。

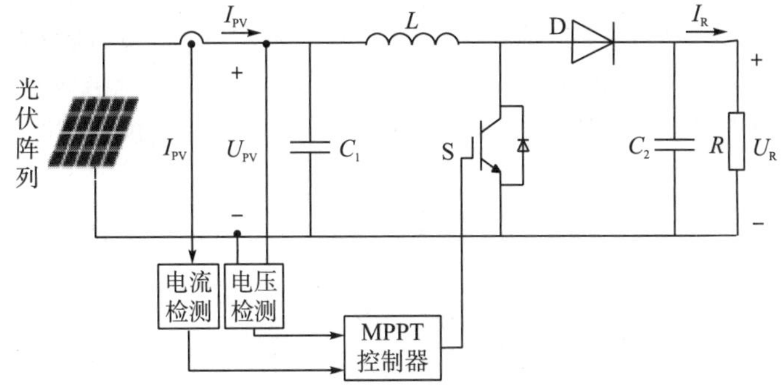

图 2-5　基于 Boost 变换器的 MPPT 控制拓扑图

根据 Boost 变换器基本原理，令 D 为开关 S 的占空比，其输出特性为[61,65]

$$\begin{cases} U_{\mathrm{R}}=\dfrac{1}{1-D}U_{\mathrm{PV}} \\ I_{\mathrm{R}}=(1-D)I_{\mathrm{PV}} \end{cases} \tag{2-6}$$

由式(2-5)和式(2-6)可推知

$$R_{\mathrm{PV}}=\frac{U_{\mathrm{PV}}}{I_{\mathrm{PV}}}=\frac{U_{\mathrm{R}}(1-D)}{I_{\mathrm{R}}/(1-D)}=R(1-D)^2 \tag{2-7}$$

因此，MPPT 控制器依据实时采集的光伏电压、电流数据，通过调节 Boost 变换器占空比 D 实现阻抗匹配，使外部等效负载满足式(2-7)，以保证光伏阵列在不同外界条件下均以最大功率输出。

本书所采用的直接占空比扰动固定步长爬坡法控制流程如图 2-6 所示，此控制方法能够有效提高系统响应速度，降低控制器复杂度[66]。其基本思想为：将Boost变换器占空比 D 作为控制变量，依据式(2-7)推导的关系方程，每隔一段时间对占空比 D 进行某一方向的扰动，通过比较扰动前后光伏阵列的输出功率 $P(k)$、$P(k-1)$，输出电压 $U_{PV}(k)$、$U_{PV}(k-1)$之间的定量关系，从而确定下一时刻占空比 $D(k)$的增减，其中 ΔD 为占空比扰动固定步长。主要步骤如下。

(1)实时检测光伏阵列输出电压 $U_{PV}(k)$、输出电流 $I_{PV}(k)$。

(2)计算光伏阵列实时输出功率 $P_{PV}(k)$，$P_{PV}(k)=U_{PV}(k)I_{PV}(k)$。

(3)判断扰动前后光伏阵列输出功率是否发生变化，即 $P_{PV}(k)-P_{PV}(k-1)=0$，若是，则进一步判断功率扰动方向，即 $P_{PV}(k)-P_{PV}(k-1)>0$：当 $P_{PV}(k)>P_{PV}(k-1)$时，进入步骤(4)；当 $P_{PV}(k)<P_{PV}(k-1)$时，进入步骤(5)。若否，则占空比保持不变，即 $D(k)=D(k-1)$，进行步骤(6)。

(4)进一步判断扰动前后光伏阵列输出电压扰动方向，即 $U_{PV}(k)-U_{PV}(k-1)>0$：当 $U_{PV}(k)>U_{PV}(k-1)$时，占空比正向增加，即 $D(k)=D(k-1)+\Delta D$；反之，占空比反向降低，即 $D(k)=D(k-1)-\Delta D$。

(5)进一步判断扰动前后光伏阵列输出电压扰动方向，即 $U_{PV}(k)-U_{PV}(k-1)>0$：当 $U_{PV}(k)>U_{PV}(k-1)$时，占空比反向降低，即 $D(k)=D(k-1)-\Delta D$；反之，占空比正向增加，即 $D(k)=D(k-1)+\Delta D$。

(6)判断是否达到结束条件：若是，则结束运行；否则执行下一点 $k=k+1$，跳转至步骤(1)。

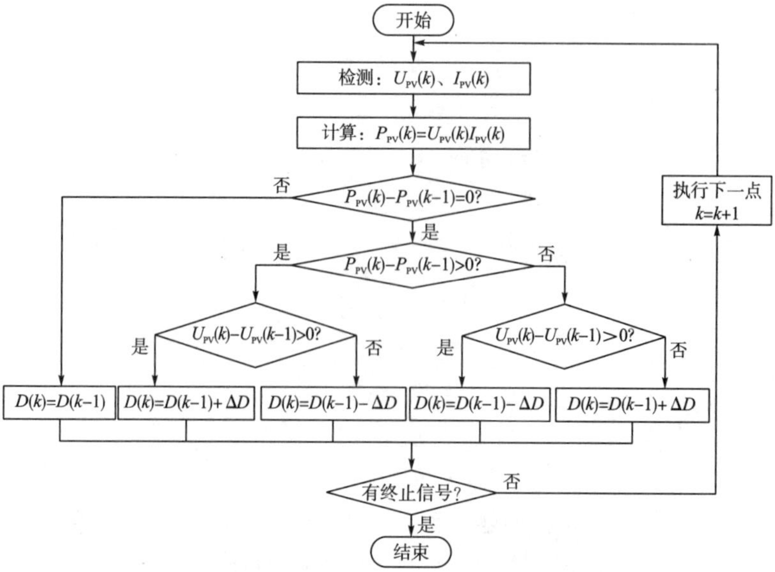

图 2-6 直接占空比扰动固定步长爬坡法控制流程

为验证控制算法的正确性，在 2.1.2 节 500kWp 光伏阵列的基础上，利用 MATLAB/Simulink 搭建基于直接占空比扰动固定步长爬坡法的仿真模型，设定外界温度 T=25℃；辐照度 S 呈现动态变化，即 t 在 0～0.1s、0.1～0.2s、0.2～0.3s、0.3～0.4s 时段，辐照度 S 分别为 600W/m^2、800W/m^2、1000W/m^2、1200W/m^2。仿真分析光伏阵列实时输出功率及其 MPPT 控制过程，如图 2-7 所示。

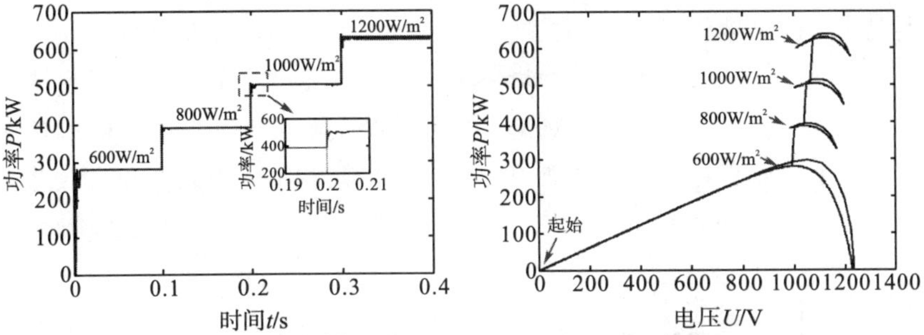

(a)光伏阵列实时输出功率　　(b)光伏阵列MPPT过程

图 2-7　基于固定步长爬坡法的 MPPT 控制过程

由图 2-7(a)知，在外界条件突变时，光伏阵列能够快速跟踪至最大功率点并保持稳定输出，结合 0.19～0.21s 的局部放大图可知，光伏阵列在外界条件发生扰动后，经过 0.005s 即可实现稳定，动态性能良好；由图 2-7(b)中 MPPT 过程可知，光伏发电系统从图中起始点运行，最终将稳定于某一范围内进行 MPPT 控制，当辐照度突变时也能迅速对工作点进行调整，故仿真结果验证了控制方法的有效性与正确性。

2.1.4　光伏发电功率估算模型

利用 2.1.2 节和 2.1.3 节介绍的光伏发电 MPPT 技术，已能满足对光伏发电系统多类动态性能的研究，但不适用于进行大规模、长时间尺度的算例分析。因此，还需建立适用于此类应用环境的光伏发电功率估算模型。

由前文分析可知，光伏出力受组件表面辐照度、温度影响明显，而一天中的光照强度、气温、风速等气象数据又在实时变化，因此光伏出力具有明显的间歇性、随机波动性。理想化处理，设定估算时间段内光伏发电系统正常运行，各控制单元性能良好，其动态输出特性可估算为[61,67]

$$P_{\mathrm{PV}}=\eta_{\mathrm{PV}}P_{\mathrm{STC}}\frac{S_{\mathrm{ref}}[1+k(T_{\mathrm{STC}}-T_{\mathrm{ref}})]}{S_{\mathrm{STC}}} \tag{2-8}$$

式中，P_{PV} 为光伏发电系统实时输出功率，Wp；P_{STC} 为标准测试条件下的最大输出功率，即光伏装机容量，Wp；η_{PV} 为系统效率，%；k 为光伏组件工作于标准测试工况(standard test condition，STC)下的最大功率温度系数；S_{ref} 为光伏组件表面辐照度，W/m^2；T_{ref}为光伏组件表面温度，℃。

鉴于实际情况中风速会间接影响光伏组件表面温度，为使模型更加精确，T_{ref}可按式(2-9)进行估算[68]

$$T_{ref}=T_{air}+S_{ref}e^{-3.473-0.0594FF} \tag{2-9}$$

式中，FF为光伏发电系统附近的风速，m/s；T_{air}为空气温度，℃。

根据年日照时数和年辐射总量，可将我国境内分为光照资源从好到差的一类至五类地区，此处取地处一类地区的敦煌作为光照资源丰富地区的示例，取地处五类地区的成都作为光照资源贫瘠地区的示例。忽略效率的影响，即假设$\eta_{PV}=1$，图2-8和图2-9分别为两地单位MWp光伏装机容量的年光伏出力曲线。其中光伏阵列为正南朝向布置，最佳倾角通过PVsyst计算得到，即敦煌42°，成都17°，气象数据来源于Meteonorm数据库。

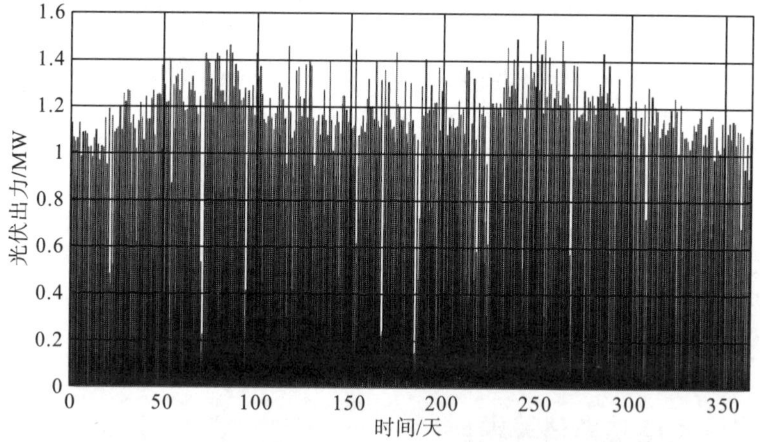

图2-8　光照资源丰富地区典型年光伏出力曲线(敦煌)

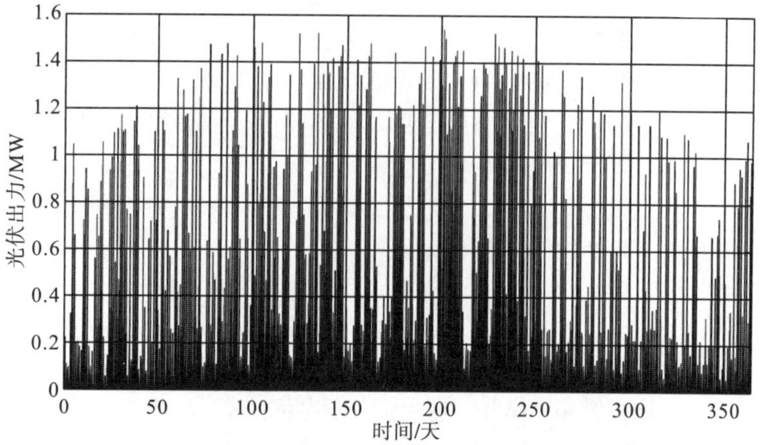

图2-9　光照资源贫瘠地区典型年光伏出力曲线(成都)

利用上述计算结果，进一步计算两类地区一年中每天的发电量，结果如图 2-10 和图 2-11 所示。对日发电量进行统计，结果如表 2-1 所示。

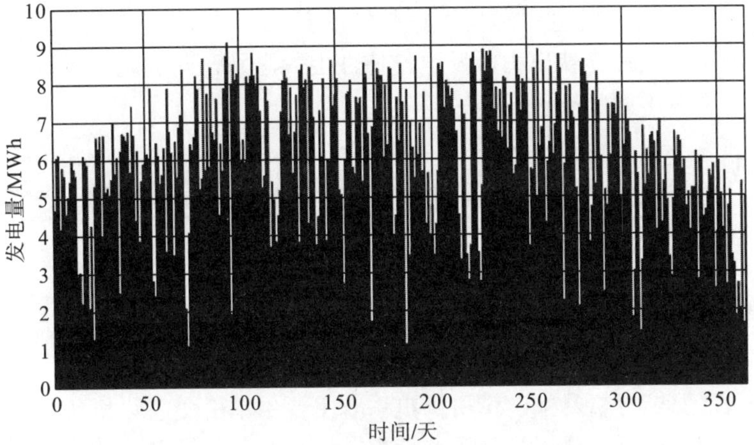

图 2-10　光照资源丰富地区日光伏发电量(敦煌)

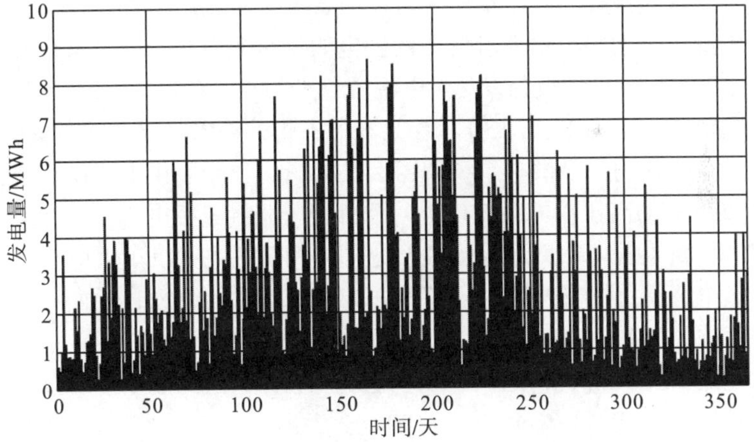

图 2-11　光照资源贫瘠地区日光伏发电量(成都)

表 2-1　日光伏发电量统计结果

地区	最大日发电量 E_{max}/MWh	最小日发电量 E_{min}/MWh	$\frac{E_{min}}{E_{max}}$	年发电量 E_{year}/MWh
敦煌	9.10	1.10	0.121	2236.1
成都	8.64	0.25	0.029	1054.2

从以上结果能够看到，两类地区无论从出力特性还是从发电量特性来看，均有很明显的不同：

(1)光照资源丰富地区的光伏出力波动，相比光照资源贫瘠地区较为不明显；

(2)光照资源贫瘠地区的日发电量最大值、最小值差距很大，而对于光照资源丰富地区该差距较小；

(3)两类地区总发电量的差别可达 2 倍以上。

由于两类地区在光伏出力、发电量特性上的区别，两类地区的光伏发电系统在经济上也会有不同的表现。

2.2 牵引供电系统基本原理及建模

2.2.1 牵引供电系统基本结构

结合 1.2.3 节分析易知，牵引供电系统主要由牵引变电站和牵引网两部分组成，其中牵引变电站的作用是降压、分相、为牵引负荷供电，最主要的设备是牵引变压器。牵引变压器的作用是将三相电源转换为适用于机车供电的单相电源，根据牵引变压器的种类不同，牵引网可以包含一个单相电源(单相牵引变压器)或两个单相电源。由于由单相牵引变压器供电的牵引变电站对电力系统的负序影响较大，仅适用于电力系统较为发达、电源容量大的地区(根据统计，单相牵引变压器在我国的使用率仅为 12.7%[39])，因此本书不将其纳入主要考虑对象中。

本书重点研究的牵引供电系统如图 2-12 所示，该牵引供电系统由电压等级为 110kV 或 220kV 的高压输电系统供电，牵引变压器将三相电压变换为两个具有一定相位差的单相电压，然后通过接触网分别向两侧的电力机车供电。牵引供电系统两侧的供电区间(供电臂)记为 α 相和 β 相，$\boldsymbol{U}_\alpha$、$\boldsymbol{U}_\beta$ 为牵引侧的两相电压，其额定电压为 27.5kV(或 55kV)，$\boldsymbol{I}_\alpha$、$\boldsymbol{I}_\beta$ 为牵引侧的两相电流，$\boldsymbol{I}_A$、$\boldsymbol{I}_B$、$\boldsymbol{I}_C$ 为电力系统侧的三相电流。由于 $\boldsymbol{U}_\alpha$、$\boldsymbol{U}_\beta$ 之间存在一定的相位差，因此必须使用分相绝缘器将两供电臂隔开。

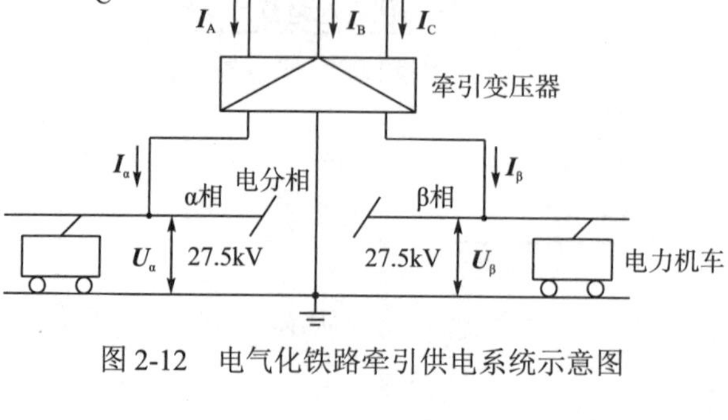

图 2-12 电气化铁路牵引供电系统示意图

2.2.2 牵引变压器

随着两部制电价的实施以及国家有关负序、谐波标准的发布，为节省投资、降低运营成本，电气化铁路牵引变压器类型的选择显得越来越重要。目前我国电气化铁路常用的牵引变压器的接线型式主要有以下几类[38-40]。

1. 三相双绕组 Y/△接线牵引变压器

该类牵引变压器是我国电气化铁路最早使用的牵引变压器结构简单、造价低，但容量利用率较低，安装容量较大，基本电费多，对电力系统的负序影响较大。

2. 单相接线牵引变压器

单相接线牵引变压器的结构最简单，易维护，能耗低，容量利用率最高，安装容量小，基本电费少，可减少电分相数量，有利于提速，但对电力系统的负序影响较大，适用于电力系统较强的地区，但是必须征得电力部门认可方可使用。

3. Vv(Vx)接线牵引变压器

Vv(Vx)接线牵引变压器是最为主流的变压器，包含三相 Vv 接线和单相 Vv 接线两种，其接线简单，制造容易，两相容量可根据需要进行不同配置，容量利用率高，运营费用少，其中三相 Vv 接线比单相 Vv 接线易实现固定备用，对电力系统的负序影响较小。

4. 三相/两相平衡接线牵引变压器

该类牵引变压器接线型式较多，容量利用率较高，能有效降低电气化铁路负序对电力系统的影响，但结构工艺较复杂，应用较广的有 Scott 接线、Yn/V 接线等。其中 Scott 接线变压器一次侧无法接地，绕组绝缘水平较高，中性点易漂移；Yn/V 接线阻抗匹配平衡变压器一次侧能够接地，二次侧有△型绕组，三次谐波可以流通，磁势波形较好。

表 2-2 为牵引变压器各种接线型式的技术经济对比情况。鉴于 V 型接线牵引变压器最为主流(既有牵引变电站占比 37.8%，新建牵引变电站占比 88%[39])，同时 V 型接线牵引变压器又同时适用于普速铁路(Vv 接线)和高速铁路(Vx 接线)。不失一般性，本书以 Vv 接线牵引变压器为例进行分析。

表 2-2 牵引变压器各种接线型式的技术经济比较

牵引变压器接线型式	三相双绕组 Y/△接线		三相/两相平衡接线			单相接线	Vv(Vx)接线	
	Ynd11 对称接线	Ynd11 不对称接线	Yn/▽	Yn/A	斯科特接线		单相 Vv	三相 Vv
最大负荷利用率/%	75.59	94.49	91.95		87	100	100	
结构复杂程度	较复杂		工艺较复杂		工艺复杂	简单	较简单	
两供电臂负荷相等时负序电流不对称系数	0.5		0			1	0.5	
对电力系统短路容量的要求	较小		小			大	较大	
牵引变电站的繁简程度	接线较复杂		接线复杂			接线最简单	接线较简单	
安装容量	大	较大	较大			小	较小	
基本电费	高	较高	较高			低	较低	
牵引变电站投资	较多		多			最少	较多	
适应场合	直接供电方式电气化铁路，电源系统较薄弱地段		直接供电方式，电源系统薄弱地段		多用于自耦变压器供电方式电气化铁路，电源系统薄弱地段	可用于直接、自耦变压器供电方式电气化铁路，电源系统强大地段	用于直接供电方式电气化铁路，电源系统较强大地段。若用于自耦变压器供电方式电气化铁路，则需改为 Vx 接线	

Vv 接线牵引变压器可视作两台单相变压器的高压侧分别接电源不同的两个线电压，其高压侧与电源三相连接，低压侧的公共端子接钢轨与地网，另两个端子分别接 α 供电臂和 β 供电臂牵引母线。以从电源 A、B 相取电为例，Vv 接线牵引变压器的接线原理如图 2-13 所示。为便于直观分析，相量图中侧重显示电压和电流的相位关系，假设牵引变压器的变比为 1，则图 2-14 为 Vv 接线牵引变压器的相量图，其中 φ 为负荷的功率因数角。

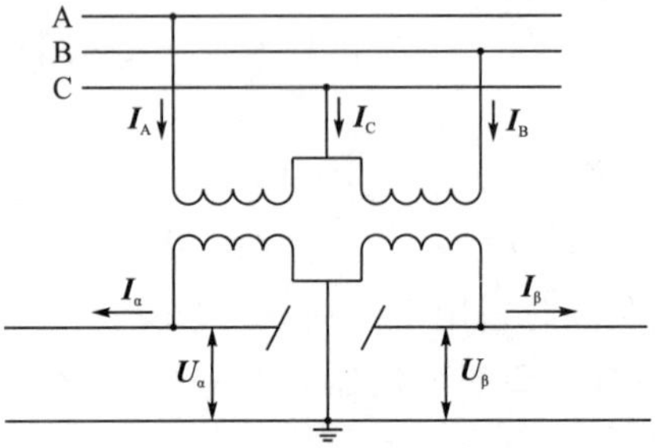

图 2-13 Vv 接线牵引变压器接线原理图

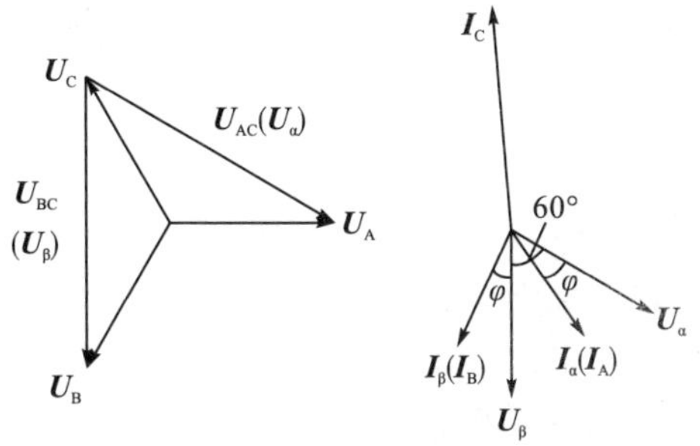

图 2-14　Vv 接线牵引变压器相量图

Vv 接线牵引变压器的一次侧额定电压为 110kV 或 220kV，视牵引变电站所取电源的电压等级而定，二次侧额定电压为 27.5kV。由图 2-14 可知，Vv 接线牵引变压器的二次侧电压 $\boldsymbol{U}_\alpha$、$\boldsymbol{U}_\beta$ 相位相差 60°，当两供电臂负荷功率因数相同时，两臂电流的相位差也为 60°。实际上 Vv 接线牵引变压器的本质是对电压和电流进行变换，这个变换过程可以用端口变换理论来描述[40]。令 $\boldsymbol{U}_A$、$\boldsymbol{U}_B$、$\boldsymbol{U}_C$ 表示电源的三相电压，则 Vv 接线牵引变压器的端口变换关系为

$$\begin{bmatrix} \boldsymbol{U}_\alpha \\ \boldsymbol{U}_\beta \end{bmatrix} = \frac{1}{K}\begin{bmatrix} 1 & 0 & -1 \\ 0 & 1 & -1 \end{bmatrix}\begin{bmatrix} \boldsymbol{U}_A \\ \boldsymbol{U}_B \\ \boldsymbol{U}_C \end{bmatrix} \tag{2-10}$$

$$\begin{bmatrix} \boldsymbol{I}_A \\ \boldsymbol{I}_B \\ \boldsymbol{I}_C \end{bmatrix} = \frac{1}{K}\begin{bmatrix} 1 & 0 \\ 0 & 1 \\ -1 & -1 \end{bmatrix}\begin{bmatrix} \boldsymbol{I}_\alpha \\ \boldsymbol{I}_\beta \end{bmatrix} \tag{2-11}$$

式中，K 为 Vv 接线牵引变压器的变比。

2.2.3　牵引负荷特性

电力机车是牵引供电系统中的负荷，根据其传动方式的不同，可分为交直型电力机车和交直交型电力机车。交直型电力机车从接触网取电后，经车载变压器降压、相控整流器整流后，向直流牵引电动机供电。交直型的传动方式使牵引负荷的功率因数较低、电流谐波含量较大。交直交型电力机车从接触网取电后，经车载变压器降压，再通过 PWM 整流器变换为相对稳定的直流电压，然后利用逆变器将直流电逆变为电压、频率可调的三相交流电，以驱动三相异步牵引电动机。交直交型的传动方式可以使牵引负荷的功率因数接近单位功率因数，同时电流谐波含量大大减小。

随着电力电子器件和电力电子技术的发展，目前交直交型电力机车已经得到了普及，而交直型电力机车将会逐渐被淘汰。然而，无论交直型电力机车还是交

直交型电力机车，其对于电力系统的负荷都有相同的特性，如下所述。

1. 负荷波动频繁

首先，单台机车所需的牵引功率与机车重量、运行速度、线路坡度等因素有关，而后两者在机车运行过程中实时变化，因此机车所需的牵引功率也实时变化。其次，牵引变电站供电区间内机车数量并不是固定不变的，而是随时间实时变化。此外，机车在过分相时，两侧供电臂的牵引负荷会经历骤升、骤降的过程。以上诸多因素造成了牵引负荷总是呈现频繁波动的状态。

2. 功率等级大

电力机车的重量较大、运行速度较快，因此其所需的牵引功率也较大。以目前我国使用的韶山系列交直型电力机车为例，单台机车所需的最大有功功率为3600～8700kW；而 CRH 系列交直交型动车组单个编组所需的最大有功功率为4800～8800kW，当需要两个编组重联时，所需的最大有功功率将达到近 20MW。

3. 负荷的不平衡性

机车负荷对于电力系统是一种单相负荷，尽管牵引变压器的使用在一定程度上降低了负荷的三相不平衡性，但该问题仍旧明显。以前文介绍的 Vv 接线牵引变压器为例，当两供电臂的负荷大小相等、功率因数角相同时，在牵引变电站高压侧的三相电流不平衡度为 0.5，即负序电流的大小为正序电流的一半，而在实际情况，这种情况是很罕见的。负序电流对电力系统直接的影响是在牵引变电站高压侧产生负序电压，造成电压不平衡。

图2-15和图2-16分别为某牵引变电站一天24小时内两臂的有功功率曲线P_{α}、P_{β}以及无功功率曲线Q_{α}、Q_{β}。从图中可以很明显地看到，牵引负荷表现出非常强烈的波动性，且负荷的功率等级较大，单臂所需的有功功率峰值达到了 44.3MW，此外，两臂负荷的大小不相等，表现出不平衡性。

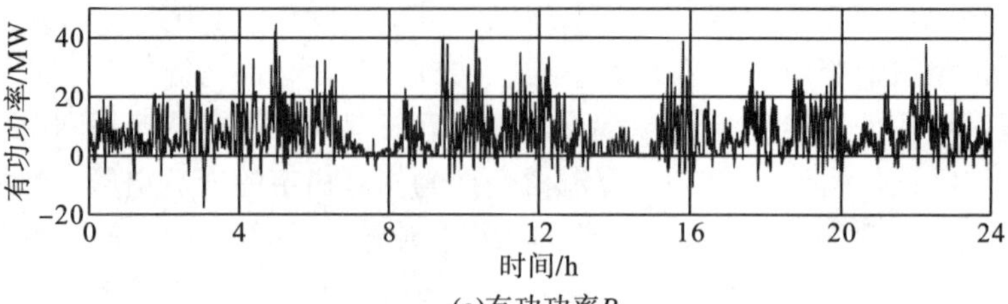

(a)有功功率P_{α}

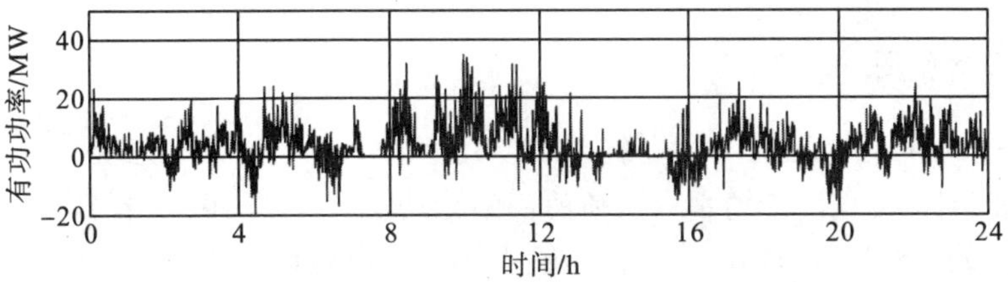

(b)有功功率P_β

图 2-15　牵引变电站两臂有功功率曲线

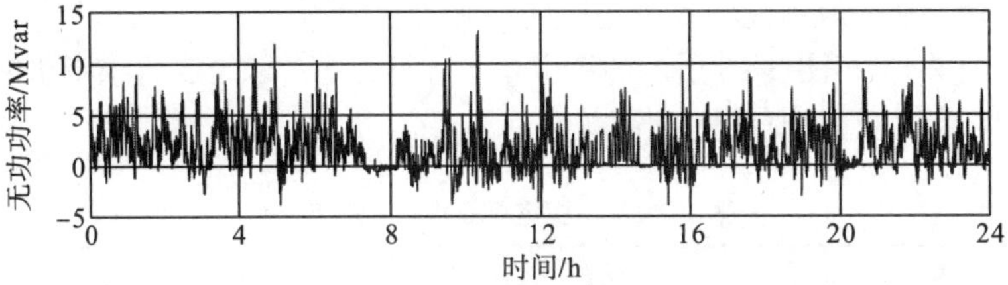

(a)无功功率Q_α

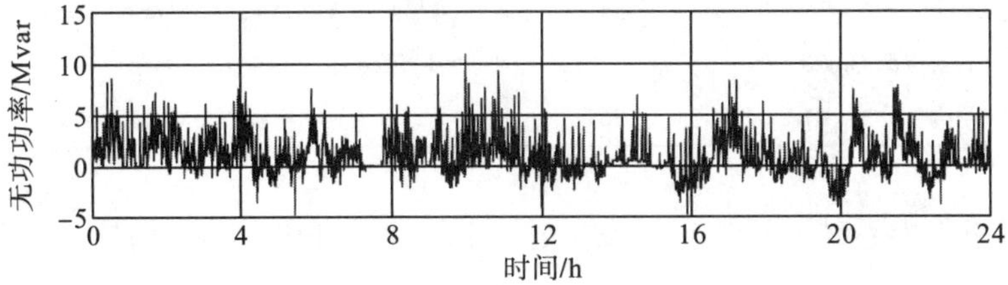

(b)无功功率Q_β

图 2-16　牵引变电站两臂无功功率曲线

2.2.4　牵引供电系统电能质量

牵引供电系统在运行过程中需要考虑谐波、无功、负序等电能质量问题[69]。

1. 谐波问题

无论是交直型电力机车还是交直交型电力机车，在运行过程中都会产生一定量的谐波电流，其中交直型电力机车的谐波问题尤甚。但本书考虑的是将光伏发电接入牵引供电系统，而通过良好的控制，光伏逆变器可以做到输出很少的谐波电流，也就是说在光伏发电接入后，牵引供电系统的谐波问题仍旧主要由机车负荷引起。因此，谐波问题并非本书所考虑的重点。

2. 无功问题

电力机车在运行过程中除了需要有功功率驱动机车外，还需要大量的无功功率。从图 2-16 可见，单臂牵引负荷所需的无功功率超过 10Mvar，同时，部分时段出现了反向的无功功率，这可能是输电线路的电容以及机车在回馈制动过程中产生的。倒送的无功功率不利于电力系统的运行，在“倒送正计”的无功计量方式下[39,69]，无功电能的数值是正向无功电能和反向无功电能的代数和。此外，有功功率方面也会出现倒送的部分，这同样是由机车回馈制动造成的，但不同的是，倒送的有功电能一般不能纳入电能计量范围之内。

对如图 2-15 和图 2-16 所示的牵引功率进行计算，表 2-3 为该牵引变电站 24 小时内的正向、反向电能的大小。

表 2-3 牵引变电站正向、反向电能

参数分类	取值	参数分类	取值
α 臂正向有功电能 $E_{\alpha fp}$/MWh	163.2	α 臂反向有功电能 $E_{\alpha rp}$/MWh	5.6
α 臂正向无功电能 $E_{\alpha fq}$/Mvarh	44.2	α 臂反向无功电能 $E_{\alpha rq}$/Mvarh	3.0
β 臂正向有功电能 $E_{\beta fp}$/MWh	109.8	β 臂反向有功电能 $E_{\beta rp}$/MWh	15.1
β 臂正向无功电能 $E_{\beta fq}$/Mvarh	26.6	β 臂反向无功电能 $E_{\beta rq}$/Mvarh	6.8

对牵引供电系统的无功问题需要由一个指标来评价，即平均功率因数为

$$\mathrm{PF_{avg}}=\frac{E_{\alpha\mathrm{fp}}+E_{\beta\mathrm{fp}}}{\sqrt{(E_{\alpha\mathrm{fp}}+E_{\beta\mathrm{fp}})^2+(E_{\alpha\mathrm{fp}}+E_{\beta\mathrm{fp}}+E_{\alpha\mathrm{fq}}+E_{\beta\mathrm{fq}})^2}} \tag{2-12}$$

由表 2-3 所列的数据可计算，该牵引变电站该日的日平均功率因数约为 0.959，是一个较高的水平。电力系统对牵引变电站的月平均功率因数进行考核，设定一个基准值，当牵引变电站的月平均功率因数高于基准值时，对电费进行减免，反之进行罚款。虽然牵引变电站的瞬时功率因数并非考核的目标，但它会间接影响平均功率因数，因此需要考虑光伏发电的接入对牵引变电站功率因数的影响。

3. 负序问题

如前文所述，牵引供电系统的负序问题是由牵引负荷的不平衡性造成的。牵引负荷在牵引变电站高压侧产生的负序电流可用式(2-13)计算：

$$\boldsymbol{I}^{(-)}=\frac{1}{3}(\boldsymbol{I}_\mathrm{A}+\alpha^2\boldsymbol{I}_\mathrm{B}+\alpha\boldsymbol{I}_\mathrm{C})=\frac{1}{3K}\left[(1-\alpha)\boldsymbol{I}_\alpha+(\alpha^2-1)\boldsymbol{I}_\beta\right] \tag{2-13}$$

式中，α 表示复数算子，$\alpha=\mathrm{e}^{\mathrm{j}120^\circ}$。

负序电流会在牵引变电站的高压侧引起负序电压，其本质是负序电流在电源的等效阻抗上产生的负序压降。根据负序电流大小，可进一步计算牵引变电站高

压侧的三相电压不平衡度为

$$\varepsilon_{\mathrm{U}}=\frac{\sqrt{3}U_1\left|\boldsymbol{I}^{(-)}\right|}{S_{\mathrm{d}}}\times 100\% \tag{2-14}$$

式中，U_l为电源的线电压；S_d为电源的三相短路容量。

图 2-17 为上述牵引变电站 24 小时内负序电流的变化(牵引变电站高压侧电压为 220kV)，可见该牵引变电站该日内的负序电流峰值达到了 134A，该数量级的负序电流会对电力系统的运行产生影响，因此负序问题同样是光伏发电接入牵引供电系统需要考虑的问题。

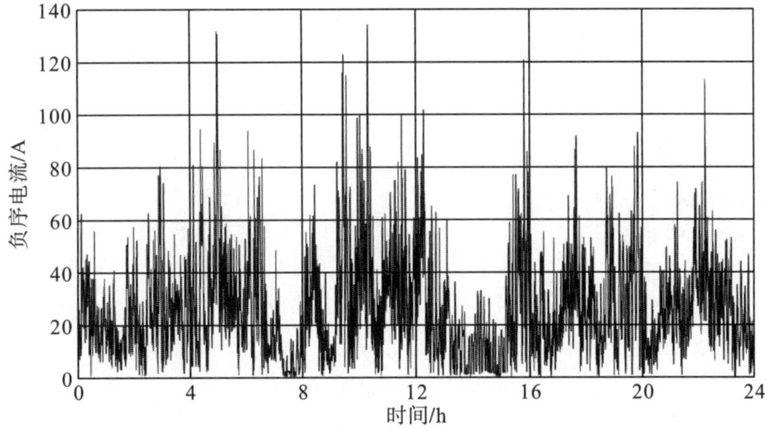

图 2-17　牵引变电站负序电流

2.3　光伏发电系统总体接入方案

异相牵引供电系统拓扑结构的不对称、光伏出力及牵引负荷的双重间歇性与波动性增加了系统规划调度难度。这种不可控性迫使光伏发电系统以单相逆变形式接入某供电臂时，易造成电压不平衡度加大，恶化负序问题，故本书主要探讨两相形式的接入方案，主要包括：①光伏发电系统三相接入方案，将在第 3 章详细介绍；②光伏发电系统背靠背接入方案，将在第 4 章详细介绍。

2.4　本 章 小 结

本章重点进行了光伏发电系统与牵引供电系统的原理分析及建模：①针对光伏发电系统部分，首先简要介绍了光伏发电系统的拓扑结构及基本组成；然后考虑到不同光伏接入方案对应的光伏逆变器、降压变压器拓扑结构、系统控制策略也会不同，因此着重分析了不同接入方案共同的前端直流部分，理论及仿真验证了光伏阵列模型、光伏发电最大功率点跟踪控制模型以及适用于大规模长时间尺度的光伏发电功率估算模型的有效性。②针对牵引供电系统部分，首先介绍了牵引供电系统结构；其次对比并分析了 V 型接线牵引变压器的端口特性，又利用现场实测数据指出了牵引负荷具有的波动频繁、功率等级大、不平衡的特性；再次分析了牵引供电系统的谐波、无功、负序等电能质量问题，并说明了无功和负序问题是接入光伏发电系统需要考虑的问题；最后对光伏发电系统总体接入方案进行了概述。本章所做工作能为后续研究奠定理论及仿真基础。

第 3 章　光伏发电系统三相接入方案及其适应性分析

光伏发电系统不同接入方案会表现出不同的运行特性，为探讨不同方案的适应性及适宜应用环境，本书对比分析两种不同的接入形式，即三相接入和背靠背接入。本章重点针对三相接入方案及其适应性展开研究，采用以理论分析为基础、仿真结合实验验证分析的研究方法；背靠背接入方案将在后续第 4 章展开详细讨论。进一步，本章首先给出光伏发电系统三相接入方案下的系统拓扑结构，验证变压器有效组合形式并对其接入特性进行分析，分析三相光伏并网逆变器控制策略；然后基于 MATLAB/Simulink 建立三相接入方案下的系统联合仿真模型，搭建功率等级铁光互补实验平台，仿真及实验验证三相接入方案的有效性；最后通过实测典型工况，对三相接入方案下的适应性问题进行初步仿真及实验分析，指出三相接入方案现存问题并给出相关应用建议。相关研究结果能够为第 4 章研究提供设计及对照依据。

3.1　系统拓扑结构及运行特性分析

3.1.1　三相接入方案系统拓扑结构

由前文分析可知，我国主流牵引供电系统具有三相-两相变换、机车单相运行的特殊性，加之光伏出力与牵引负荷的双重间歇性、波动性，将会进一步增加系统规划调度难度。这种不可控性迫使光伏以单相逆变形式直接接入某供电臂时，易造成电压不平衡度加大、恶化负序问题。因此，可以考虑利用现阶段发展较为成熟的三相电压源型变流器(voltage source converter，VSC)，基于牵引供电系统基本原理，结合通用端口变换理论[62]，对光伏侧变压器(两相-三相(2/3)变压器)采用牵引变压器(三相-两相(3/2)变压器)的逆结构，以为 VSC 提供三相对称、正弦、稳定的并网电压，从而实现光伏发电系统的有效接入。

图 3-1 为光伏发电系统三相接入方案下的系统拓扑结构，主要由 220kV 电力系统、牵引变电站、牵引网、机车、三相光伏发电系统等组成。光伏阵列首先通

过 DC/DC 变换器实现升压及最大功率点跟踪；然后利用三相 VSC 及滤波模块实现光伏电能的有效传输；最后通过光伏侧升压变压器分别跨接于两侧 27.5kV 牵引馈线上，联合原有牵引供电系统共同为机车供能。图中，$\boldsymbol{I}_A$、$\boldsymbol{I}_B$、$\boldsymbol{I}_C$ 分别为牵引变压器高压侧三相电流，$\boldsymbol{I}_\alpha$、$\boldsymbol{I}_\beta$ 分别为 α 相、β 相供电臂电流，$\boldsymbol{U}_\alpha$、$\boldsymbol{U}_\beta$ 分别为 α 相、β 相供电臂电压，$\boldsymbol{I}_{\alpha c}$、$\boldsymbol{I}_{\beta c}$ 分别为光伏发电系统向 α 相、β 相供电臂提供的等效光伏电流。此外，为便于后续进行矢量分析，预先做出如下规定：

(1) 以图 3-1 中箭头所指电压、电流方向为正方向；

(2) 在矢量分析中基准相量取电力系统 A 相电压，同时令 φ_α 为 α 相牵引负荷的功率因数角，φ_β 为 β 相牵引负荷的功率因数角；

(3) 在矢量分析中侧重考虑电压和电流的相位关系，简化处理变压器变比的影响。

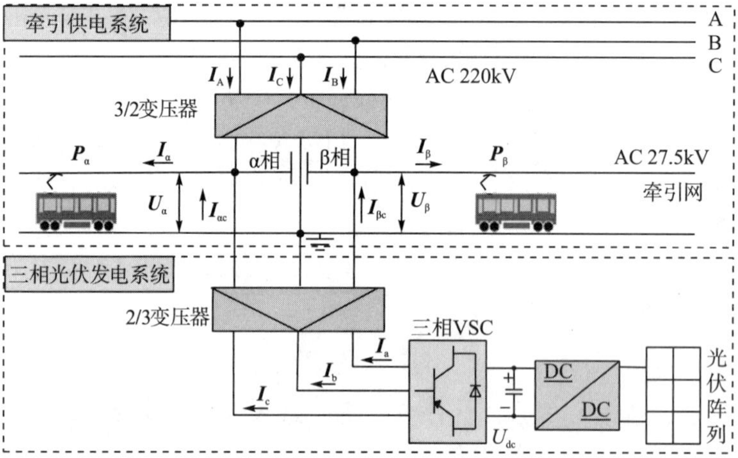

图 3-1　光伏发电系统三相接入方案下的系统拓扑结构

3.1.2　光伏侧升压变压器选取及接入特性分析

由 3.1.1 节分析可知，拟采用的三相光伏并网逆变器为电压源型变流器，为保证正常工作，需向其提供正弦、对称、稳定的三相电网电压，因此还需将光伏发电系统通过特殊的降压变压器接至两牵引馈线上。对于牵引变压器可选取 2.2.2 节介绍的 Vv 接线牵引变压器、Ynd11 接线牵引变压器、Scott 接线牵引变压器和阻抗匹配平衡变压器。

以上四种牵引变压器都是将电力系统的三相电压变换为两相电压以实现向两侧牵引网供电，可统称为三相-两相变压器。暂不计谐波影响，记牵引变压器高压侧的三相电压为 $\boldsymbol{U}_A$、$\boldsymbol{U}_B$、$\boldsymbol{U}_C$，两供电臂母线电压为 $\boldsymbol{U}_\alpha$、$\boldsymbol{U}_\beta$，则根据端口变换理

论有

$$\begin{bmatrix} U_{\alpha} \\ U_{\beta} \end{bmatrix} = \boldsymbol{N}_{\mathrm{TP}}^{-1} \begin{bmatrix} U_{\mathrm{A}} \\ U_{\mathrm{B}} \\ U_{\mathrm{C}} \end{bmatrix} \tag{3-1}$$

式中，$\boldsymbol{N}_{\mathrm{TP}}^{-1}$为牵引变压器对应的电压变换逆阵。

$\boldsymbol{U}_{\alpha}$和$\boldsymbol{U}_{\beta}$之间的夹角可能是 60°或者 90°，取决于牵引变压器的类型。

根据光伏逆变器的基本原理可知，为使光伏逆变器正常工作，光伏升压变压器应具有将两相电压变换为三相电压的功能，称为两相-三相变压器。

记光伏逆变器侧的三相电压，即光伏升压变压器低压侧的电压为$\boldsymbol{U}_{\mathrm{a}}$、$\boldsymbol{U}_{\mathrm{b}}$、$\boldsymbol{U}_{\mathrm{c}}$，则经过两次变换后的电压为

$$\begin{bmatrix} U_{\mathrm{a}} \\ U_{\mathrm{b}} \\ U_{\mathrm{c}} \end{bmatrix} = \boldsymbol{N}_{\mathrm{PV}} \begin{bmatrix} U_{\alpha} \\ U_{\beta} \end{bmatrix} = \boldsymbol{N}_{\mathrm{PV}} \boldsymbol{N}_{\mathrm{TP}}^{-1} \begin{bmatrix} U_{\mathrm{A}} \\ U_{\mathrm{B}} \\ U_{\mathrm{C}} \end{bmatrix} \tag{3-2}$$

式中，$\boldsymbol{N}_{\mathrm{PV}}$为光伏升压变压器对应的电压变换阵。

假设$\boldsymbol{U}_{\mathrm{A}}$、$\boldsymbol{U}_{\mathrm{B}}$、$\boldsymbol{U}_{\mathrm{C}}$三相对称，当光伏升压变压器具有牵引变压器的逆变换时，由于端口电压变换阵和逆阵互为伪逆矩阵，$\boldsymbol{N}_{\mathrm{PV}} \boldsymbol{N}_{\mathrm{TP}}^{-1}$为对角阵，所以$\boldsymbol{U}_{\mathrm{a}}$、$\boldsymbol{U}_{\mathrm{b}}$、$\boldsymbol{U}_{\mathrm{c}}$和$\boldsymbol{U}_{\mathrm{A}}$、$\boldsymbol{U}_{\mathrm{B}}$、$\boldsymbol{U}_{\mathrm{C}}$只存在变比关系，各电压对应的相位相同。因此，在以下情况下，$\boldsymbol{U}_{\mathrm{a}}$、$\boldsymbol{U}_{\mathrm{b}}$、$\boldsymbol{U}_{\mathrm{c}}$三相对称：

(1) 牵引变压器为 Vv 接线时，光伏升压变压器也使用 Vv 接线；

(2) 牵引变压器为 Ynd11 接线时，光伏升压变压器使用 Dyn11 接线；

(3) 对于 Scott 接线牵引变压器，由于其接线型式较为特殊，只能使用逆 Scott 接线变压器。

在供电臂空载时，同电压变换类似，光伏逆变器输出的三相电流经过光伏升压变压器进行一次三相-两相变换，再经过牵引变压器进行一次两相-三相变换，最终在牵引变压器高压侧流向电力系统。记光伏逆变器输出的三相电流为$\boldsymbol{I}_{\mathrm{a}}$、$\boldsymbol{I}_{\mathrm{b}}$、$\boldsymbol{I}_{\mathrm{c}}$，电力系统侧的三相电流为$\boldsymbol{I}_{\mathrm{A}}$、$\boldsymbol{I}_{\mathrm{B}}$、$\boldsymbol{I}_{\mathrm{C}}$，则该变换过程为

$$\begin{bmatrix} I_{\mathrm{A}} \\ I_{\mathrm{B}} \\ I_{\mathrm{C}} \end{bmatrix} = \boldsymbol{M}_{\mathrm{TP}} \begin{bmatrix} I_{\alpha} \\ I_{\beta} \end{bmatrix} = \boldsymbol{M}_{\mathrm{TP}} \boldsymbol{M}_{\mathrm{PV}}^{-1} \begin{bmatrix} I_{\mathrm{a}} \\ I_{\mathrm{b}} \\ I_{\mathrm{c}} \end{bmatrix} \tag{3-3}$$

式中，$\boldsymbol{M}_{\mathrm{TP}}$为牵引变压器的电流变换阵；$\boldsymbol{M}_{\mathrm{PV}}^{-1}$为光伏升压变压器的电流变换逆阵。

在上述三种满足条件的变压器组合方案中，与电压变换类似，由于端口电流变换阵和逆阵互为伪逆矩阵，$\boldsymbol{M}_{\mathrm{TP}} \boldsymbol{M}_{\mathrm{PV}}^{-1}$为对角阵，所以$\boldsymbol{I}_{\mathrm{a}}$、$\boldsymbol{I}_{\mathrm{b}}$、$\boldsymbol{I}_{\mathrm{c}}$和$\boldsymbol{I}_{\mathrm{A}}$、$\boldsymbol{I}_{\mathrm{B}}$、$\boldsymbol{I}_{\mathrm{C}}$也只存在变比关系，各电流对应的相位相同。因此，在供电臂空载时，光伏电能能够三相平衡且保持光伏逆变器原有的输出功率因数上网。

为探究其他可行的变压器组合方案，表 3-1 罗列了在本章所规定的正方向且

牵引供电系统从电力系统 A、B 相取电时，不同接线型式变压器的电压、电流变换阵及其逆阵，其中 K 表示对应的变压器变比。分析以下四种变压器组合形式的适应性，由于此处仅讨论电压、电流的对称性，为方便计算，不计变比系数。

表 3-1　变压器端口变换阵及其逆阵

变换阵	接线型式		
	Vv 接线	Ynd11 接线	Dyn11 接线
$\boldsymbol{M}$	$K\begin{bmatrix}1 & 0\\ 0 & 1\\ -1 & -1\end{bmatrix}$	$\dfrac{K}{\sqrt{3}}\begin{bmatrix}2 & 1\\ -1 & 1\\ -1 & -2\end{bmatrix}$	$\sqrt{3}K\begin{bmatrix}1 & -1\\ 1 & 2\\ -2 & -1\end{bmatrix}$
$\boldsymbol{M}^{-1}$	$\dfrac{1}{3K}\begin{bmatrix}2 & -1 & -1\\ -1 & 2 & -1\end{bmatrix}$	$\dfrac{1}{\sqrt{3}K}\begin{bmatrix}1 & -1 & 0\\ 0 & 1 & -1\end{bmatrix}$	$\dfrac{1}{3\sqrt{3}K}\begin{bmatrix}1 & 0 & -1\\ -1 & 1 & 0\end{bmatrix}$
$\boldsymbol{N}$	$\dfrac{1}{3K}\begin{bmatrix}2 & -1\\ -1 & 2\\ -1 & -1\end{bmatrix}$	$\dfrac{1}{\sqrt{3}K}\begin{bmatrix}1 & 0\\ -1 & 1\\ 0 & -1\end{bmatrix}$	$\dfrac{1}{3\sqrt{3}K}\begin{bmatrix}1 & -1\\ 0 & 1\\ -1 & 0\end{bmatrix}$
$\boldsymbol{N}^{-1}$	$K\begin{bmatrix}1 & 0 & -1\\ 0 & 1 & -1\end{bmatrix}$	$\dfrac{K}{\sqrt{3}}\begin{bmatrix}2 & -1 & -1\\ 1 & 1 & -2\end{bmatrix}$	$\sqrt{3}K\begin{bmatrix}1 & 1 & -2\\ -1 & 2 & -1\end{bmatrix}$

1. 牵引变压器为 Vv 接线，光伏升压变压器为 Ynd11 接线

当光伏升压变压器为 Ynd11 接线时，若要将牵引侧的两相电压变换为光伏侧的三相电压，或将光伏侧的三相电流变换为牵引侧的两相电流，则需要选择 Y 侧为两相系统、d 侧为三相系统的变换矩阵，而 Ynd11 接线变压器的变换矩阵 Y 侧为三相系统、d 侧为两相系统，所以应当参考 Dyn11 接线变压器的端口变换关系。电压变换关系为

$$\begin{bmatrix}U_a\\ U_b\\ U_c\end{bmatrix}=\begin{bmatrix}1 & -1\\ 0 & 1\\ -1 & 0\end{bmatrix}\begin{bmatrix}1 & 0 & -1\\ 0 & 1 & -1\end{bmatrix}\begin{bmatrix}U_A\\ U_B\\ U_C\end{bmatrix}=\begin{bmatrix}1 & -1 & 0\\ 0 & 1 & -1\\ -1 & 0 & 1\end{bmatrix}\begin{bmatrix}U_A\\ U_B\\ U_C\end{bmatrix} \tag{3-4}$$

由式(3-4)可知，经变换后 $\boldsymbol{U}_a$、$\boldsymbol{U}_b$、$\boldsymbol{U}_c$ 三相对称，且相比 $\boldsymbol{U}_A$、$\boldsymbol{U}_B$、$\boldsymbol{U}_C$ 相位超前了 30°。此时电流变换关系为

$$\begin{bmatrix}I_A\\ I_B\\ I_C\end{bmatrix}=\begin{bmatrix}1 & 0\\ 0 & 1\\ -1 & -1\end{bmatrix}\begin{bmatrix}1 & 0 & -1\\ -1 & 1 & 0\end{bmatrix}\begin{bmatrix}I_a\\ I_b\\ I_c\end{bmatrix}=\begin{bmatrix}1 & 0 & -1\\ -1 & 1 & 0\\ 0 & -1 & 1\end{bmatrix}\begin{bmatrix}I_a\\ I_b\\ I_c\end{bmatrix} \tag{3-5}$$

由式(3-5)可知，经变换后 $\boldsymbol{I}_A$、$\boldsymbol{I}_B$、$\boldsymbol{I}_C$ 三相对称，且相比 $\boldsymbol{I}_a$、$\boldsymbol{I}_b$、$\boldsymbol{I}_c$ 相位滞后了 30°。因此，该变压器组合形式在供电臂空载时，光伏电能能够三相平衡且保持光伏逆变器原有的输出功率因数上网。

2. 牵引变压器为 Vv 接线，光伏升压变压器为 Dyn11 接线

当光伏升压变压器为 Dyn11 接线时，若要将牵引侧的两相电压变换为光伏侧的三相电压，或将光伏侧的三相电流变换为牵引侧的两相电流，需要选择 D 侧为两相系统、y 侧为三相系统的变换矩阵，而 Dyn11 接线变压器的变换矩阵 D 侧为三相系统、y 侧为两相系统，所以应当参考 Ynd11 接线变压器的端口变换关系。电压变换关系为

$$\begin{bmatrix} U_a \\ U_b \\ U_c \end{bmatrix} = \begin{bmatrix} 1 & 0 \\ -1 & 1 \\ 0 & -1 \end{bmatrix} \begin{bmatrix} 1 & 0 & -1 \\ 0 & 1 & -1 \end{bmatrix} \begin{bmatrix} U_A \\ U_B \\ U_C \end{bmatrix} = \begin{bmatrix} 1 & 0 & -1 \\ -1 & 1 & 0 \\ 0 & -1 & 1 \end{bmatrix} \begin{bmatrix} U_A \\ U_B \\ U_C \end{bmatrix} \tag{3-6}$$

由式(3-6)可知，经变换后 $\boldsymbol{U}_a$、$\boldsymbol{U}_b$、$\boldsymbol{U}_c$ 三相对称，且相比 $\boldsymbol{U}_A$、$\boldsymbol{U}_B$、$\boldsymbol{U}_C$ 相位滞后了 30°。此时电流变换关系为

$$\begin{bmatrix} I_A \\ I_B \\ I_C \end{bmatrix} = \begin{bmatrix} 1 & 0 \\ 0 & 1 \\ -1 & -1 \end{bmatrix} \begin{bmatrix} 1 & -1 & 0 \\ 0 & 1 & -1 \end{bmatrix} \begin{bmatrix} I_a \\ I_b \\ I_c \end{bmatrix} = \begin{bmatrix} 1 & -1 & 0 \\ 0 & 1 & -1 \\ -1 & 0 & 1 \end{bmatrix} \begin{bmatrix} I_a \\ I_b \\ I_c \end{bmatrix} \tag{3-7}$$

由式(3-7)可知，经变换后 $\boldsymbol{I}_A$、$\boldsymbol{I}_B$、$\boldsymbol{I}_C$ 三相对称，且相比 $\boldsymbol{I}_a$、$\boldsymbol{I}_b$、$\boldsymbol{I}_c$ 相位超前了 30°。因此，该变压器组合形式在供电臂空载时，光伏电能能够三相平衡且保持光伏逆变器原有的输出功率因数上网。

3. 牵引变压器为 Ynd11 接线，光伏升压变压器为 Vv 接线

此时有电压变换关系：

$$\begin{bmatrix} U_a \\ U_b \\ U_c \end{bmatrix} = \begin{bmatrix} 2 & -1 \\ -1 & 2 \\ -1 & -1 \end{bmatrix} \begin{bmatrix} 2 & -1 & -1 \\ 1 & 1 & -2 \end{bmatrix} \begin{bmatrix} U_A \\ U_B \\ U_C \end{bmatrix} = 3\begin{bmatrix} 1 & -1 & 0 \\ 0 & 1 & -1 \\ -1 & 0 & 1 \end{bmatrix} \begin{bmatrix} U_A \\ U_B \\ U_C \end{bmatrix} \tag{3-8}$$

由式(3-8)可知，经变换后 $\boldsymbol{U}_a$、$\boldsymbol{U}_b$、$\boldsymbol{U}_c$ 三相对称，且相比 $\boldsymbol{U}_A$、$\boldsymbol{U}_B$、$\boldsymbol{U}_C$ 相位超前了 30°。此时电流变换关系为

$$\begin{bmatrix} I_A \\ I_B \\ I_C \end{bmatrix} = \begin{bmatrix} 2 & 1 \\ -1 & 1 \\ -1 & -2 \end{bmatrix} \begin{bmatrix} 2 & -1 & -1 \\ -1 & 2 & -1 \end{bmatrix} \begin{bmatrix} I_a \\ I_b \\ I_c \end{bmatrix} = 3\begin{bmatrix} 1 & 0 & -1 \\ -1 & 1 & 0 \\ 0 & -1 & 1 \end{bmatrix} \begin{bmatrix} I_a \\ I_b \\ I_c \end{bmatrix} \tag{3-9}$$

由式(3-9)可知，经变换后 $\boldsymbol{I}_A$、$\boldsymbol{I}_B$、$\boldsymbol{I}_C$ 三相对称，且相比 $\boldsymbol{I}_a$、$\boldsymbol{I}_b$、$\boldsymbol{I}_c$ 相位滞后了 30°。因此，该变压器组合形式在供电臂空载时，光伏电能能够三相平衡且保持光伏逆变器原有的输出功率因数上网。

4. 牵引变压器为 Ynd11 接线，光伏升压变压器为 Ynd11 接线

如前文所述，此时应参考 Dyn11 接线变压器的变换矩阵。电压变换关系为

$$\begin{bmatrix} U_a \\ U_b \\ U_c \end{bmatrix} = \begin{bmatrix} 1 & -1 \\ 0 & 1 \\ -1 & 0 \end{bmatrix} \begin{bmatrix} 2 & -1 & -1 \\ 1 & 1 & -2 \end{bmatrix} \begin{bmatrix} U_A \\ U_B \\ U_C \end{bmatrix} = \begin{bmatrix} 1 & -2 & 1 \\ 1 & 1 & -2 \\ -2 & 1 & 1 \end{bmatrix} \begin{bmatrix} U_A \\ U_B \\ U_C \end{bmatrix} = \begin{bmatrix} 0 & -1 & 0 \\ 0 & 0 & -1 \\ -1 & 0 & 0 \end{bmatrix} \begin{bmatrix} U_A \\ U_B \\ U_C \end{bmatrix} \quad (3\text{-}10)$$

由式(3-10)可知，经变换后 $\boldsymbol{U}_a$、$\boldsymbol{U}_b$、$\boldsymbol{U}_c$ 三相对称，且相比 $\boldsymbol{U}_A$、$\boldsymbol{U}_B$、$\boldsymbol{U}_C$ 相位超前了 60°。此时电流变换关系为

$$\begin{bmatrix} I_A \\ I_B \\ I_C \end{bmatrix} = \begin{bmatrix} 2 & 1 \\ -1 & 1 \\ -1 & -2 \end{bmatrix} \begin{bmatrix} 1 & 0 & -1 \\ -1 & 1 & 0 \end{bmatrix} \begin{bmatrix} I_a \\ I_b \\ I_c \end{bmatrix} = \begin{bmatrix} 1 & 1 & -2 \\ -2 & 1 & 1 \\ 1 & -2 & 1 \end{bmatrix} \begin{bmatrix} I_a \\ I_b \\ I_c \end{bmatrix} = \begin{bmatrix} 0 & 0 & -1 \\ -1 & 0 & 0 \\ 0 & -1 & 0 \end{bmatrix} \begin{bmatrix} I_a \\ I_b \\ I_c \end{bmatrix} \quad (3\text{-}11)$$

由式(3-11)可知，经变换后 $\boldsymbol{I}_A$、$\boldsymbol{I}_B$、$\boldsymbol{I}_C$ 三相对称，且相比 $\boldsymbol{I}_a$、$\boldsymbol{I}_b$、$\boldsymbol{I}_c$ 相位滞后了 60°。因此，该变压器组合形式在供电臂空载时，光伏电能能够三相平衡且保持光伏逆变器原有的输出功率因数上网。

结合 2.2.2 节，由于目前 Vv 接线牵引变压器使用率较高，而 Dyn11 接线变压器作为光伏侧降压变压器使用时，其高压侧采用三角形接法还能滤除牵引侧三次谐波电流及其倍频，进一步保证光伏发电系统安全运行。因此，本章从通用性和安全性考虑，在后续三相接入方案的分析中均选用 Vv+Dyn11 组合形式进行研究，其接线图如图 3-2 所示。

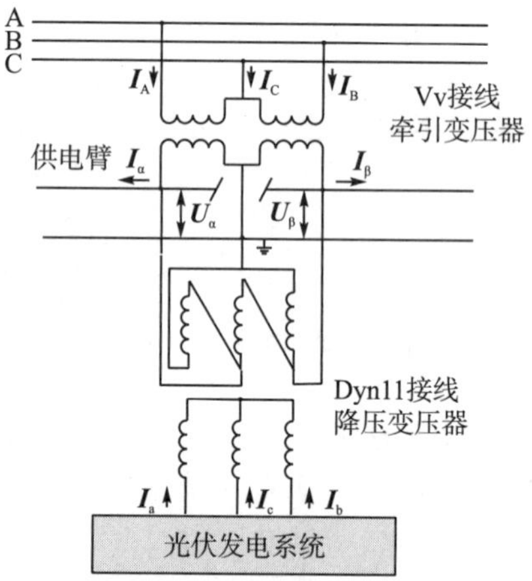

图 3-2　Vv+Dyn11 组合方式接线图

3.1.3　三相光伏并网逆变器及其控制策略

并网逆变器作为光伏发电系统的核心器件是系统安全稳定运行的必要保障，现已有较多文献围绕其控制方法展开了相应研究，如通过幅相控制的间接电流控制方法、通过控制输出电流跟踪电网电压的直接电流控制方法、基于静止坐标系 $\alpha\beta$ 变换的控制方法、基于同步旋转坐标系 dq 变换的控制方法、基于瞬时功率反

馈的直接功率控制方法等[70]。本书采用的三相电压源型并网逆变器及其控制单元的电路拓扑结构如图 3-3 所示。

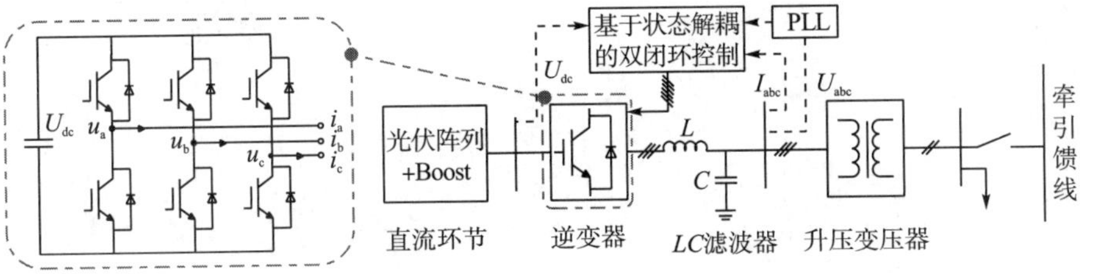

图 3-3　三相电压源型并网逆变器及其控制单元的电路拓扑结构

三相逆变器在 dq 坐标系下的数学模型为[71]

$$\begin{bmatrix} U_d \\ U_q \end{bmatrix} = L\frac{\mathrm{d}}{\mathrm{d}t}\begin{bmatrix} I_d \\ I_q \end{bmatrix} + R\begin{bmatrix} I_d \\ I_q \end{bmatrix} + \omega L\begin{bmatrix} -I_q \\ I_d \end{bmatrix} + \begin{bmatrix} e_d \\ e_q \end{bmatrix} \tag{3-12}$$

式中，I_d、I_q 分别为逆变器输出电流的 d、q 分量，A；U_d、U_q 分别为逆变器输出电压的 d、q 分量，V；e_d、e_q 分别为电网电压的 d、q 分量，V；L 为滤波电感，H；R 为线路等效电阻，Ω。

若网压合成矢量 $\boldsymbol{E}$ 的幅值与 d 轴重合，则

$$\begin{cases} e_d = E \\ e_q = 0 \end{cases} \tag{3-13}$$

则经逆变器注入网侧的有功功率 P 和无功功率 Q 为

$$\begin{cases} P = \dfrac{3}{2}EI_d \\ Q = \dfrac{3}{2}EI_q \end{cases} \tag{3-14}$$

由式(3-14)可知，在 dq 同步旋转坐标系下，通过对 I_d、I_q 的独立控制即可实现输入有功功率、无功功率的解耦控制。

由于本书尚未加设储能等单独用于控制直流母线电压的环节，为保证逆变器与外界能够进行有效的功率交换，需在其直流侧建立稳定的电压。因此，可以考虑在同步旋转坐标系下采用基于状态解耦的双闭环控制方法，如图 3-4 所示。其中，电压外环用于实现直流侧电压 U_{dc} 的建立与稳定，并提供电流内环的参考值 I_d^*，直流侧电压 U_{dc} 与其基准值 U_{dc}^* 之间的差值，可表征逆变器与外界之间有功功率流动的需求量；电流内环可用于控制逆变器输出电流跟踪其基准值 I_d^*、I_q^*。具体流程为：首先将采集到的网侧电压 U_{abc} 经三相锁相环(PLL)等效合成网压矢量的旋转角 θ；然后逆变器输出电流 I_{abc} 经 dq 坐标变换后可分别得到电流闭环的反馈量 I_d、I_q；接着经比例-积分(proportion-integral，PI)调节器等环节获取各自的

电压基准值 U_d^*、U_q^*；最后利用 PWM 发生器即可求取六路晶闸管的驱动信号。

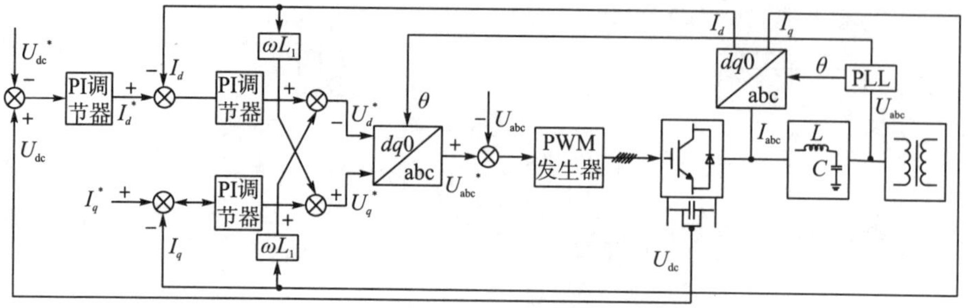

图 3-4　基于状态反馈的双闭环控制原理框图

3.2　三相接入方案仿真验证与分析

3.2.1　仿真验证

为验证光伏三相接入方案及系统控制策略的正确性，基于 MATLAB/Simulink 搭建了图 3-1 中光伏发电系统三相接入牵引供电系统的联合仿真模型，光伏装机容量设置为 1MWp，主要系统仿真参数如表 3-2 所示。给定图 3-5(a)所示 α 相、β 相电臂运行工况用以模拟不同的场景。场景 1：模拟两臂空载工况，此处给定一较小功率值模拟牵引网空载损耗。场景 2：模拟单臂空载工况。场景 3：模拟两臂载荷大致平衡工况。场景 4：模拟一臂重载、一臂轻载工况。场景 5：模拟电臂出现制动工况。为使结果更具说服性，设定光伏发电系统所处外界工作条件也在动态变化，将温度及辐照度作为外部变量，其波动情况如图 3-5(b)所示。

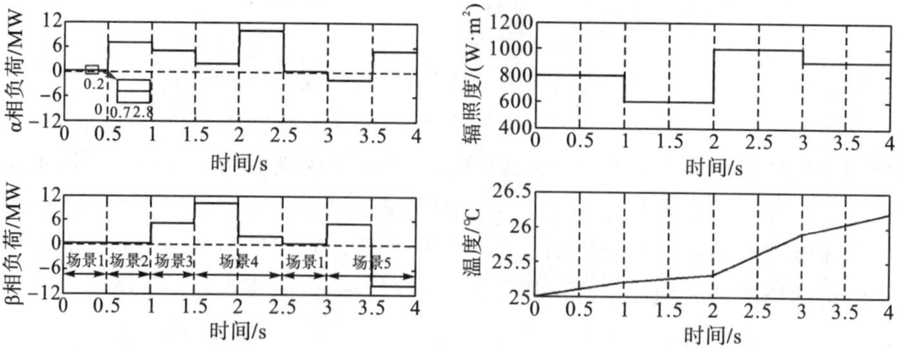

(a) 两臂预设工况　　(b) 光伏发电系统外界预设工况

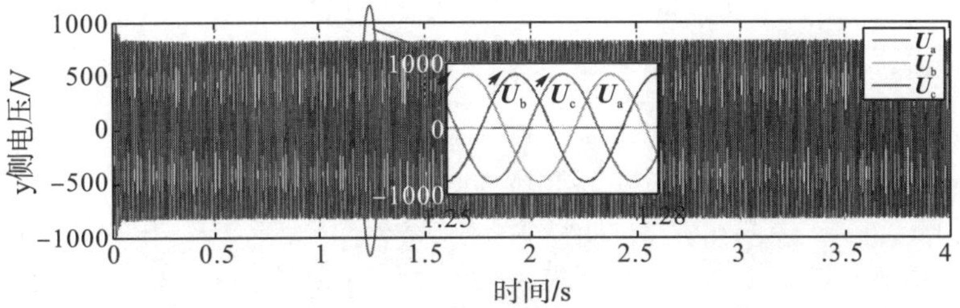

(c) y侧建立的三相电压

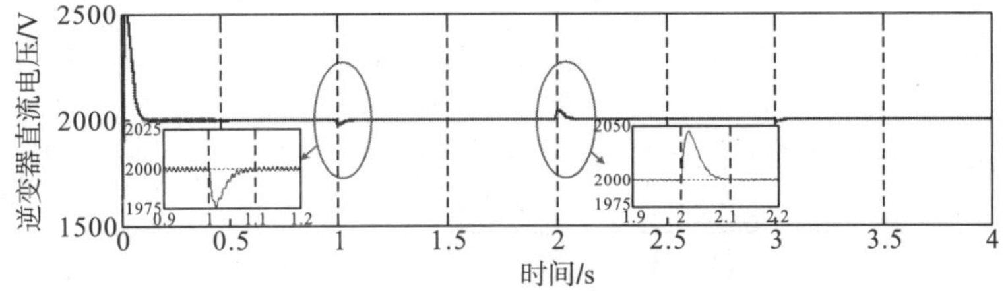

(d)逆变器直流侧电压

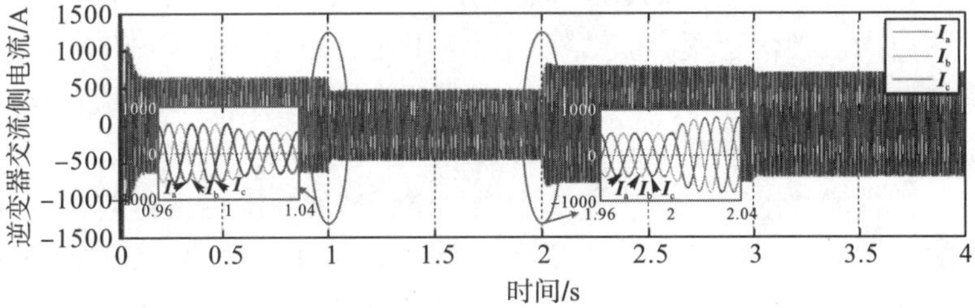

(e) 逆变器交流侧电流

图 3-5　光伏发电系统三相接入方案仿真验证

表 3-2　主要系统仿真参数

元件分类	参数分类	参数取值
公用电网	电压等级/kV	220
	短路容量/GW	10
光伏侧降压变压器	接线方式(三相方案)	Dyn11
	额定容量/MVA	1
	接线方式(背靠背方案)	单相×2
	变比	27.5(×2)/1
光伏发电系统	装机容量/MWp	1
	光伏组件额定功率/Wp	270
	组件开路电压/V	44.5 (标况)
	组件最大功率点电压/V	35 (标况)

续表

元件分类	参数分类	参数取值
光伏发电系统	直流侧电压/V	2000
	组件短路电流/A	8.2（标况）
	组件最大功率点电流/A	7.7（标况）
	组件最大温度系数	−0.004
牵引变压器	接线型式	Vv
	变比	220/27.5
	额定容量/MVA	50
	短路阻抗/%	8.4
单辆机车	额定功率/kW	9600
	功率因数	0.98（滞后）

图 3-5(c)是 Dyn11 变压器为光伏逆变器交流侧所建立的三相电压，由仿真结果可知，在各类工况下，Dyn11 的 y 侧均能为光伏逆变器建立三相正弦、对称、稳定的并网电压，光伏逆变器能够保证正常工作，即验证了 Vv+Dyn11 三相接入方案的有效性。图 3-5(d)为并网逆变器直流侧电压，由图可知直流侧电压均能保持在设定的 2000V 参考值附近，电压仅在模型启动(0.1s 后稳定)、辐照度瞬时突变时出现一定程度波动，但均能较快实现稳定，截取启动后变化较大的 0.9～1.2s 时段电压放大图可以看出，电压波动最大为−1%，1.9～2.2s 时段，电压波动最大为 2%，且均经 0.1s 后实现了稳定，即验证了本章设计的系统控制策略具有较好的抗干扰性，能够有效避免外界条件突变(主要为辐照度)引起直流母线电压出现剧烈波动。图 3-5(e)为逆变器交流侧输出电流，易知此系统具有较好的动态响应特性，输出电流能够快速跟踪外界条件的变化，从截取的 0.96～1.04s、1.96～2.04s 电流突变时段的局部放大图可以看出，输出电流均具有良好的正弦性。因此，仿真结果验证了光伏发电三相接入方案及模型的可行性与正确性。

3.2.2 典型工况仿真分析

为进一步定量说明功率流分配情况，分别截取某牵引变电站三种典型工况下的实测负荷数据进行工况复现(采样时间为 2min/段，采样间隔为 3s/次)，光伏发电系统内部设置同 3.2.1 节，外界工作条件设置为标准测试条件，对比分析光伏接入前后电力系统侧、牵引侧有功功率变化情况。

1. 工况一：两臂空(轻)载

图 3-6 为两臂均为空(轻)载工况下的仿真结果，其中，图 3-6(a)为牵引侧 α

相有功功率变化，易知该时段光伏接入前有功功率 P_α 均小于 0.2MW（主要为空载损耗），接入后有功功率 P_α' 全部由正向消耗变为反向倒送；任意截取 1:30 时刻的有功值进行定量分析易知，接入前 P_α 为 0.110MW，接入后变为−0.354MW，即光伏发电系统向该臂提供了约 0.464MW 的有功功率。图 3-7(b)为牵引侧 β 相有功功率变化，在该时段内 β 相有功功率 P_β 均小于 0.3MW，光伏接入后有功功率 P_β' 同样由正向消耗变为反向倒送；对应地在 1:30 时刻，光伏接入前 P_β 为 0.247MW，接入后变为−0.258MW，即光伏发电系统向该臂提供了约 0.505MW 的有功功率。

图 3-6(c)为电力系统侧有功功率变化，光伏接入前由于 P_α、P_β 数值上并不相等，因此对于电力系统，牵引变电站表现为三相不对称负荷，由于两臂牵引功率均较小，光伏接入后系统侧出现三相潮流倒送现象；对应地在 1:30 时刻，光伏接入前 A、B、C 三相消耗有功功率分别为 0.063MW、0.173MW、0.220MW，接入后变为−0.259MW、−0.151MW、−0.101MW，即光伏发电系统向牵引变电站提供了约 0.967MW 的有功功率，功率差额由系统损耗及测量误差造成，对应至系统侧则分别为 A、B、C 相提供了 0.322MW、0.324MW、0.321MW 有功功率，忽略误差影响易知，光伏电能相当于平衡地送入电网，而系统的不平衡是由两臂牵引负荷自身的不对称引起的。

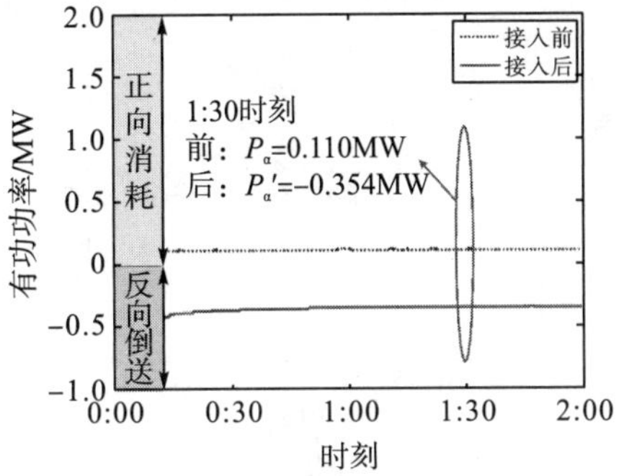

(a) 牵引侧α相有功功率

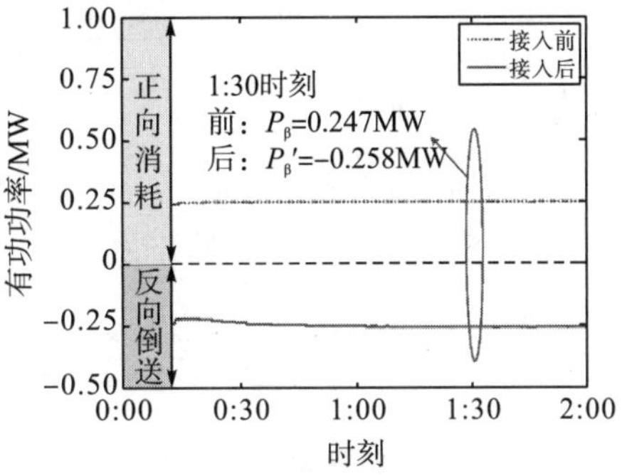

(b) 牵引侧β相有功功率

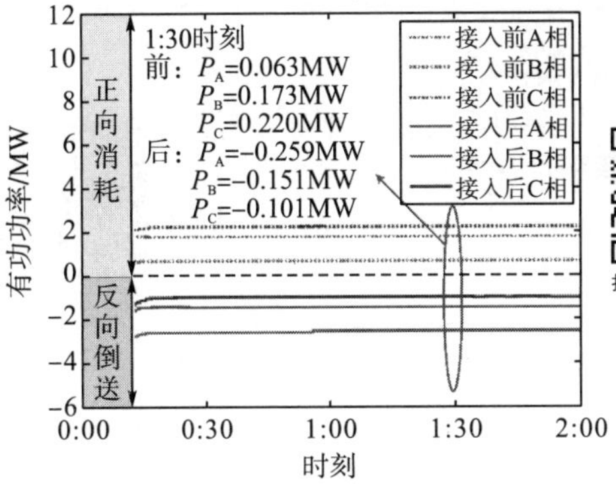

(c)系统侧ABC三相有功功率

扫一扫　看彩图

图 3-6　两臂均为空(轻)载工况的仿真结果

2. 工况二：单臂重载、单臂空(轻)载

图 3-7 为 α 臂处于空(轻)载，β 臂处于重载工况下的仿真结果，由图 3-7(a)易知，在仿真时段内，α 相电臂由轻载过渡至空载工况，数值上均小于 1MW，在光伏接入后的初始阶段由于光伏电能不足以完全提供牵引功率，此时 P'_{α} 仍保持为正向消耗状态，但随着牵引功率的下降，P'_{α} 逐渐由正向消耗变为反向倒送；同上，任意截取 1:30 时刻的有功值进行定量分析，易知光伏接入前 P_{α} 为 0.100MW，接入后变为−0.364MW，即光伏发电系统向该臂提供了约 0.464MW 的有功功率。图 3-7(b)为此工况下 β 相有功功率变化，在该时段内 β 相有功功率 P_{β} 在 7MW 以内，由于牵引功率较高，在光伏接入前后全过程内 β 相有功功率均为正向消耗状态；对应地定量分析 1:30 时刻，接入前 P_{β} 为 6.124MW，接入后 P'_{β} 降为 5.619MW，即光伏发电系统向该臂提供了约 0.505MW 的有功功率。

图 3-7(c)为电力系统侧有功功率变化，光伏接入前由于 α 相牵引负荷较低，电力系统侧的 A 相有功功率小于 0.2MW，光伏接入后该相出现了单相潮流倒送现

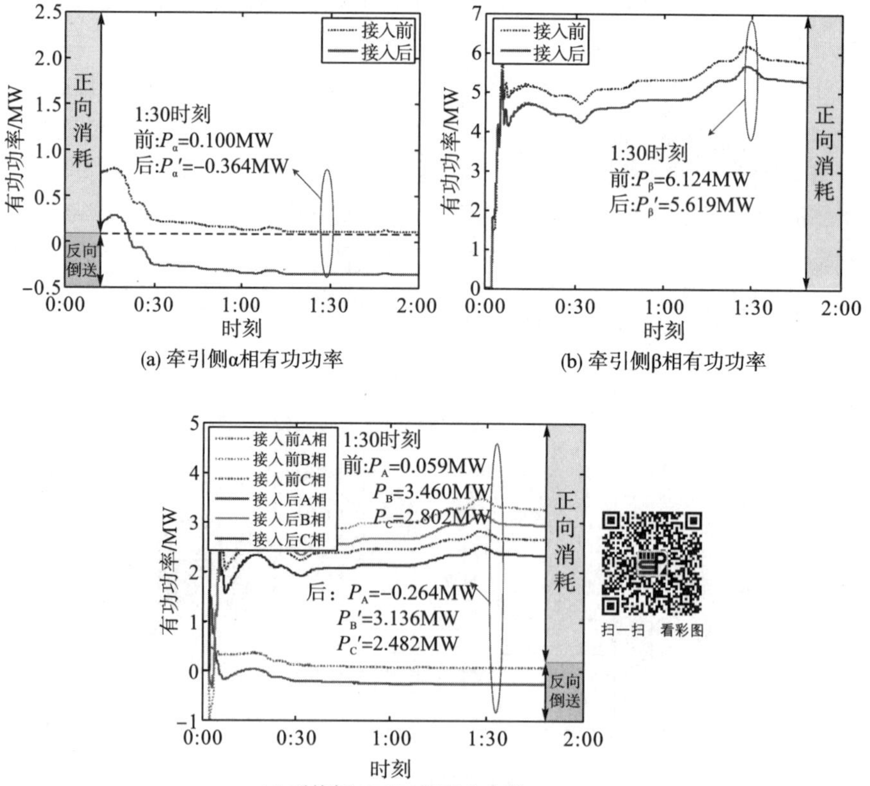

图 3-7　单臂重载、单臂空(轻)载工况的仿真结果

象；对应地在 1:30 时刻，光伏接入前 A、B、C 三相消耗有功功率分别为 0.059MW、3.460MW、2.802MW，接入后变为-0.264MW、3.136MW、2.482MW，即光伏发电系统向牵引变电站提供了约 0.967MW 的有功功率，功率差额由系统损耗及测量误差造成，对应至系统侧则分别为 A、B、C 相提供了 0.323MW、0.324MW、0.320MW 有功功率，忽略误差影响易知，光伏电能是近乎平衡地送入网侧。

3. 工况三：两臂重载

图 3-8(a)为两臂均处于重载工况下的仿真结果，由图 3-8(a)易知，在仿真时段内，α 相有功功率 P_α 在 8MW 内，由于牵引功率较高，光伏接入前后的全过程内 α 相有功功率仍保持为正向消耗状态；同上，对应地在 1:30 时刻光伏接入前有功功率为 6.636MW，接入后降为 6.171MW，即光伏发电系统向该臂提供了约 0.465MW 的有功功率。图 3-8(b)为此工况下 β 相有功功率变化，在该时段内 β 相有功功率 P_β 在 11MW 内，同样，由于光伏装机容量较小，不足以完全为牵引负荷功能，光伏接入前后 β 相有功功率均保持为正向消耗状态；对应地在 1:30 时刻，光伏接入前有功功率为 9.406MW，接入后降为 8.900MW，即光伏发电系统向该臂提供了约 0.506MW 的有功功率。

图 3-8(c)为电力系统侧有功功率变化，由于两臂牵引负荷较大，光伏输出功率较小，光伏接入前后 A、B、C 三相均为正向消耗状态；对应地在 1:30 时刻，光伏接入前 A、B、C 三相消耗有功功率分别为 2.943MW、5.294MW、7.900MW，接入后变为 2.621MW、4.967MW、7.583MW，即光伏发电系统向牵引变电站提供了约 0.966MW 的有功功率，功率差额由系统损耗及测量误差造成，对应至系统侧则分别为 A、B、C 相提供了 0.322MW、0.327MW、0.317MW 有功功率，忽略误差影响易知，光伏电能相当于平衡地送入网侧。

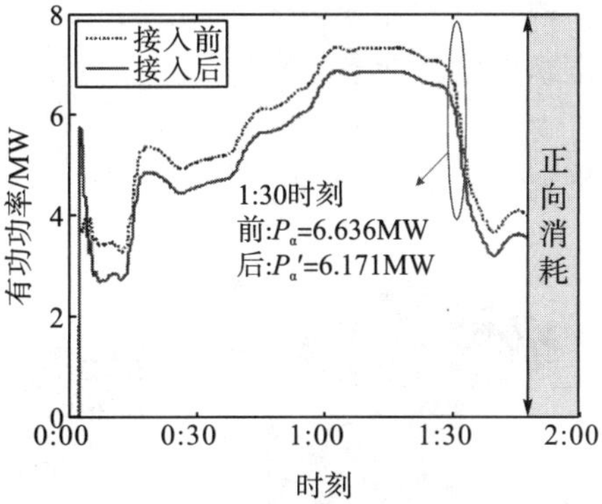

(a) 牵引侧α相有功功率

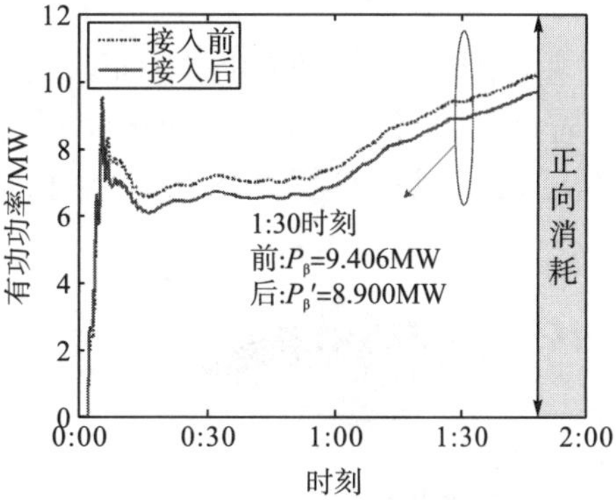

(b) 牵引侧β相有功功率

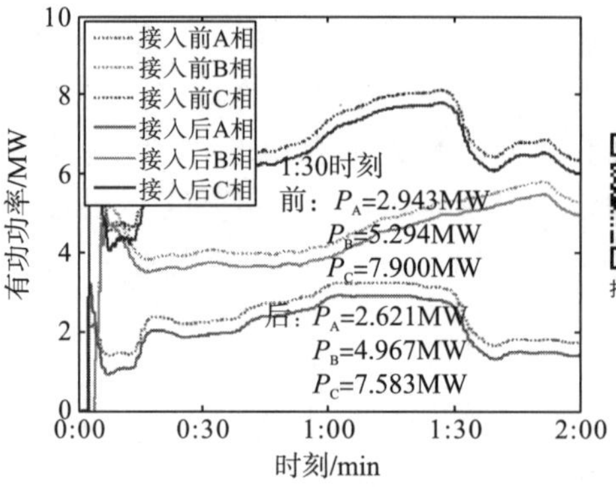

(c)系统侧ABC三相有功功率

图 3-8 两臂均为重载工况的仿真结果

综上可知，光伏发电系统采用三相接入方案时，并不会影响牵引供电系统的负序问题，系统的不平衡是由两臂牵引负荷自身的不对称性引起的。但由于光伏逆变器近乎是平均地向两臂输送电能，尚无法依据各臂实时负荷大小进行光伏电能的动态调节，当某一相电臂处于空载或轻载工况时易造成光伏电能单相/三相倒送的现象。

3.2.3 光伏电能倒送程度分析

为进一步分析光伏电能倒送程度与实时牵引负荷及光伏出力之间的关系，分别设定两臂牵引负荷功率为 S_α、S_β，功率因数为 $\cos\varphi$=0.98（滞后），定义系数 k_1、k_2 分别为牵引负荷与光伏发电系统输出功率 P_{PV} 的比值，有

$$\begin{cases} S_\alpha = k_1 P_{PV} \\ S_\beta = k_2 P_{PV} \end{cases} \tag{3-15}$$

规定消耗电能时功率因数为正，反相倒送电能时功率因数为负，则当 k_1、k_2 改变时（相当于牵引负荷动态变化），系统侧 A、B、C 三相功率因数的变化趋势如图 3-9 所示，其中 C 相为公共相，光伏装机容量固定为 1MWp。

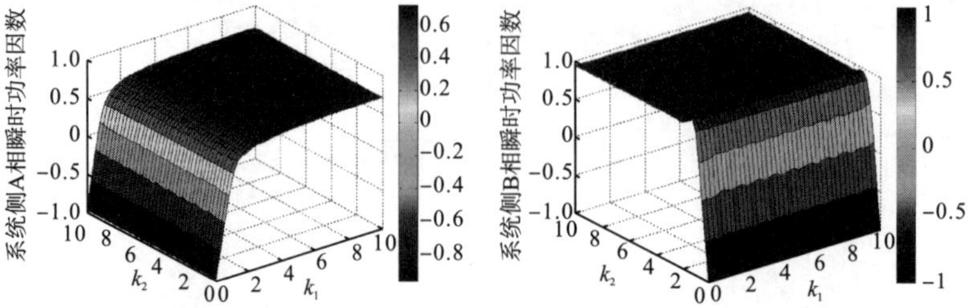

(a)系统侧A相功率因数变化趋势

(b)系统侧B相功率因数变化趋势

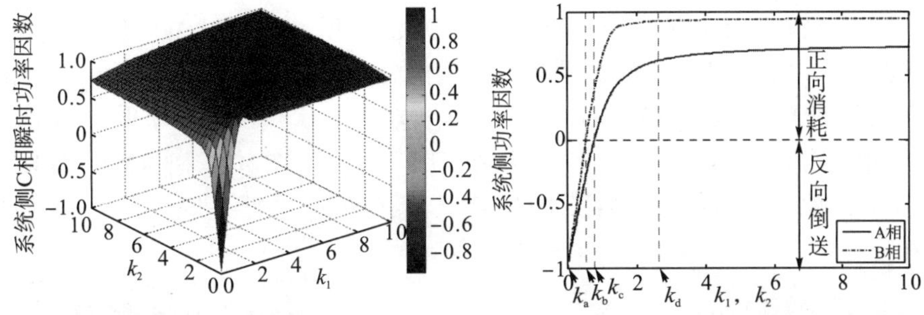

(c)系统侧C相功率因数变化趋势　　(d)系统侧A、B相功率因数的变化趋势

图 3-9　光伏电能反相倒送程度分析

仿真结果表明，光伏电能倒送程度与牵引负荷和光伏输出功率的比值密切相关，由图 3-9(a)可知系统侧 A 相功率因数主要与 k_1 有关；由图 3-9(b)可知系统侧 B 相功率因数主要与 k_2 有关；图 3-9(c)表明系统侧 C 相功率因数由 k_1、k_2 共同决定，这主要与牵引变压器高低压侧对应连接相有关。为进一步分析功率因数的变化趋势，分别截取图 3-9(a)中 k_2=0、k_1=0 时对应的功率因数变化曲线，如图 3-9(d)所示，对比分析易知：①当牵引供电系统两供电臂均空载时，即 k_1=k_2=k_a，光伏发电系统能实现近似单位功率因数上网，此时倒送程度最大；②当 k_1、k_2 较小且处于(k_a, k_b)区间时，光伏输出电能相对牵引负荷较大，其输出电能中大部分电能将反相倒送至电力系统；③随着 k_1、k_2 的增大，当处于[k_b, k_c)区间时，光伏电能倒送程度逐渐降低，可能出现单相潮流反向的现象；④当 k_1、k_2 处于[k_c, k_d)区间时，此时光伏电能不再反向倒送，但是此时由于光伏发电系统提供了较多的牵引功率，则会降低系统侧的瞬时功率因数；⑤当 k_1、k_2 处于[k_c, 10)区间时，由于此时光伏输出功率相对于牵引负荷较小，其对系统侧的功率因数影响甚微。

综上可知，光伏电能倒送程度可通过系统侧各相功率因数进行直观反映，同时可以推知这种倒送程度与光伏装机容量、线路繁忙程度、行车运行密度等因素密切相关。而鉴于目前尚无相关政策支持光伏发电系统通过牵引变电站向电力系统反相倒送电能，实际应用中宜采用完全自发自用供电模式避免反相倒送电现象的发生，且针对未完全消纳的光伏电量需加以必要的治理措施，如限功率、装设储能设备等。

3.3　三相接入方案实验验证与分析

3.3.1　铁光互补实验平台

为实验验证三相接入方案的可行性及仿真分析结果的正确性，搭建了如下功率等级实验测试平台，其拓扑结构如图 3-10(a)所示。实验平台中，①光伏侧：光伏阵列采用 EPCT-PV015-600 型功率可调的光伏模拟器用于模拟光伏侧直流输出；三相逆变部分采用华为 SUN2000 型逆变器；光伏升压变压器采用 Dyn11 三相变压器。②牵引侧：α、β 相牵引负荷采用 ACNT-50H 型三相可独立调节的非线性负载，此处选用 A、C 相模拟两臂牵引负荷；牵引变压器采用 Vv 变压器。

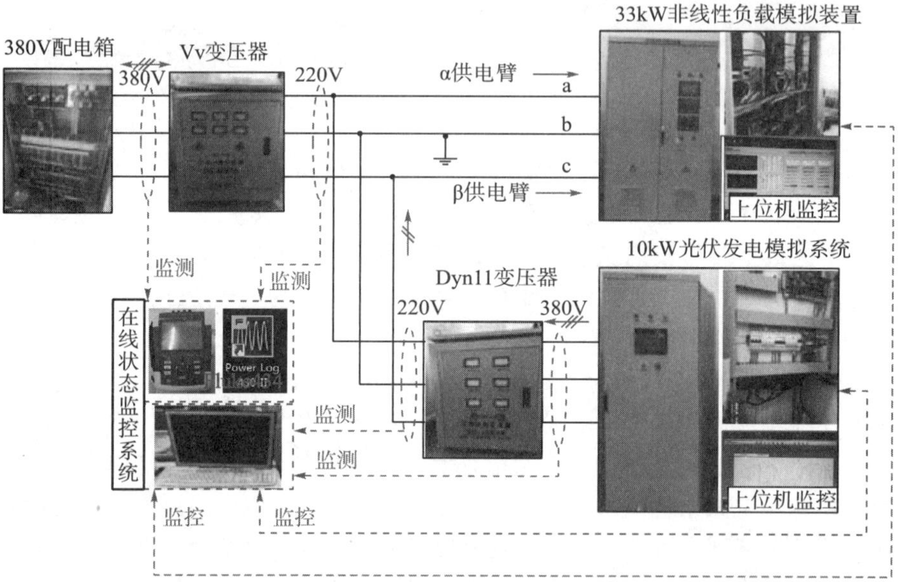

(a) 实验平台拓扑结构

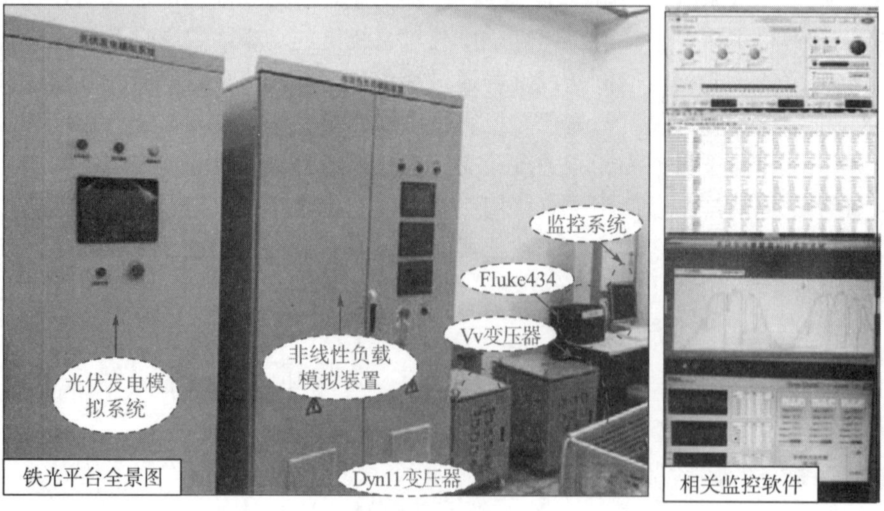

(b) 实验平台全景

图 3-10 铁光互补实验平台(三相接入方案)

③系统侧：受限于实验条件，此处用 380V 公用电网模拟实际铁路中的 220kV 系统。④监控系统：包括独立开发的光伏发电模拟运行监控系统、非线性负载配套的上位机监控软件以及 Fluke434 三相电能质量测试仪和 Power Log 分析软件。实验平台中的部分重要参数如表 3-3 所示。

表 3-3　实验平台主要设备参数

元件分类	参数分类	参数取值
公用电网	电压等级/V	380
	频率/Hz	50
牵引变压器	接线型式	Vv
	额定容量/kVA	40
	变比	380/220
	额定工作效率/%	≥90
光伏侧变压器	接线型式	Dyn11
	额定容量/kVA	20
	变比	220/380
	额定工作效率/%	≥90
光伏模拟器	功率模拟范围/kVA	0～15
	电流模拟范围/A	0～25
	工作电压/V	AC 380(1±15%)
	电压模拟范围/V	0～600
	纹波/mV	60
	额定工作效率/%	≥87
光伏逆变器	额定容量/kW	10
	允许网侧电压/V	AC 310～480
	额定工作效率/%	≥98
	MPPT 电压范围/V	DC 300～800
	输出功率因数范围	1±0.05
非线性负载	额定容量/kVA	33
	单相电流模拟范围/A	1～50
	工作电压/V	AC 380(1±20%)
	谐波预设次数/次	1～41
	单相无功范围/kvar	0～5
	动态调节时间/ms	≤20

实验平台全景图如图 3-10(b)所示，该平台牵引侧可独立模拟牵引供电系统两供电臂机车实际运行过程中可能遇到的各类工况(如机车启停、加减速、电臂空载等)，能够依据采集到的负荷数据通过比例缩放实现特定时间段的工况复现;光伏侧通过预设外界气象数据可实时模拟光伏发电系统某日/时段的动态工况等；电能质量测试仪可实现对光伏侧、牵引侧、电网侧相关电能质量的在线监测与分析；整个系统通过两套上位机监控软件对设备运行状态进行实时监测与控制。

3.3.2 实验验证

为验证三相接入方案的正确性，利用上述铁光互补实验平台进行实验验证。通过如图 3-11(a)所示非线性负载运行监控系统对如图 3-5(a)所示工况进行比例缩放，结合设备模拟范围及其变化率，在恒功率阶跃模式下每步(各工况)运行时间设定为 60s，负荷功率因数设定为 0.98，由于该设备尚无法实现对外输出功率，故暂不对场景 5 下的制动工况进行模拟;光伏发电系统通过如图 3-11(b)所示光伏发电模拟器运行监控系统对图 3-5(b)所示辐照度、温度进行模拟。

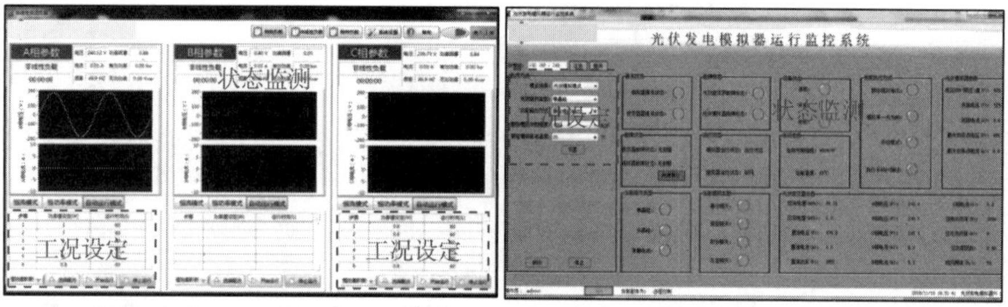

(a) 非线性负载运行监控系统设定界面　　(b) 光伏发电模拟器运行监控系统设定界面

图 3-11　光伏侧/牵引侧运行监控系统(部分)

图 3-12 为平台中两臂牵引负荷模拟运行工况，由图易知负荷功率曲线基本按照设定步骤运行且能较快实现稳定，即模拟系统具有较好的动态响应能力；任意截取 0:40 时刻左右 $\boldsymbol{U}_{\alpha}$、$\boldsymbol{U}_{\beta}$ 实时波形(对应①)可以看出波形正弦性良好；任意截取 1:40 时刻左右 $\boldsymbol{U}_{\alpha}$、$\boldsymbol{U}_{\beta}$ 实时相角(对应②)可看出 $\boldsymbol{U}_{\alpha}$、$\boldsymbol{U}_{\beta}$ 相角差为 60°，满足 Vv 接线方式下电压矢量关系，即验证了所搭建的牵引侧模拟系统的正确性。

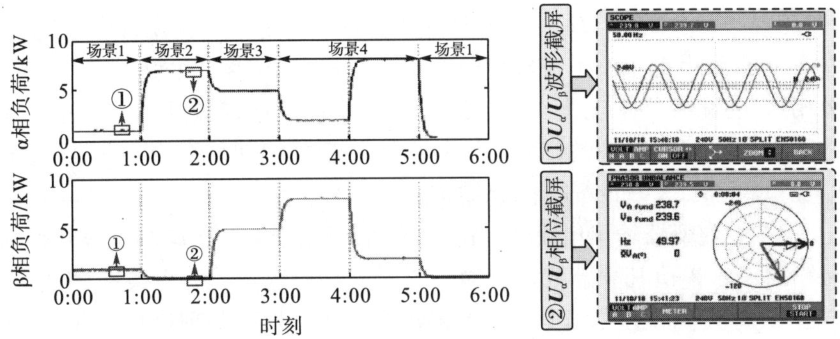

图 3-12　两臂牵引负荷模拟运行工况

由于 Fluke434 三相电能质量测试仪尚无长时间段 ***U/I*** 波形记录功能，为验证三相接入方案及拓扑结构能够为光伏逆变器交流侧建立三相正弦、对称、稳定的并网电压，观测在上述各类工况下 Dyn11 变压器 y 侧电压不平衡度，如图 3-13 所示。由图可知，三相电压不平衡度与两臂牵引负荷的不平衡程度有关，但影响程度较小，实验范围内最大值出现在场景 2，即一臂重载、一臂空载工况下达 1.14%，小于国标限制 2%；最小值出现在场景 1，即两臂空载工况下达 0.49%，与理论分析相吻

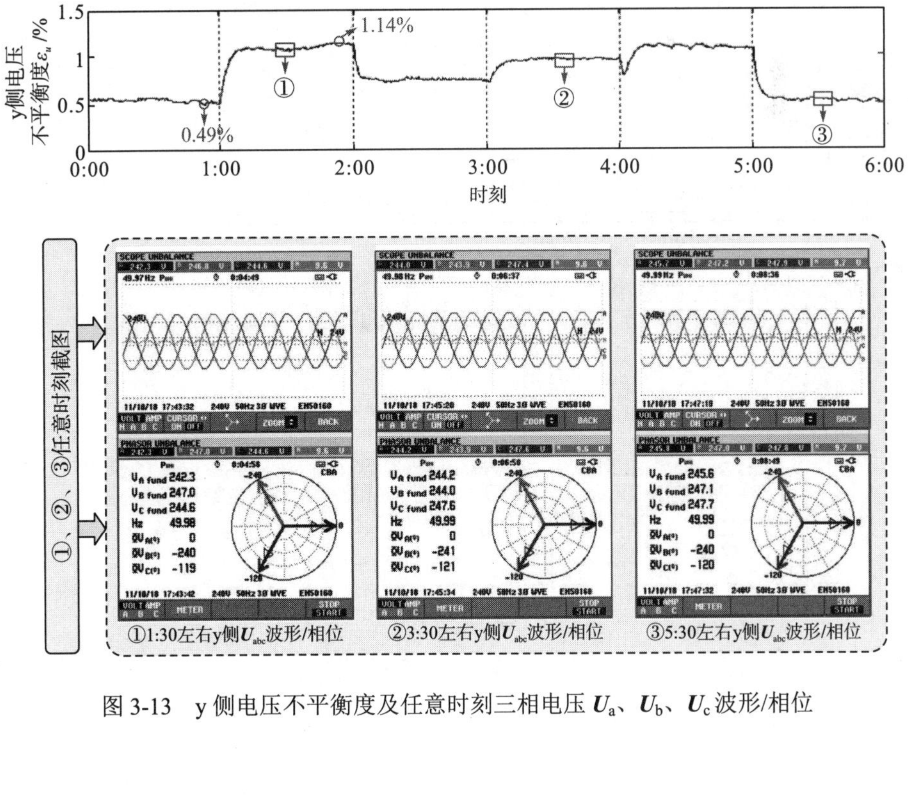

图 3-13　y 侧电压不平衡度及任意时刻三相电压 U_a、U_b、U_c 波形/相位

合；为观测三相电压 $\boldsymbol{U}_a$、$\boldsymbol{U}_b$、$\boldsymbol{U}_c$ 波形的正弦性、对称性，任意截取 1:30、3:30、5:30 左右 y 侧三相电压波形及相位分布情况(分别对应图①、②、③，其中 A 相为基准相)，易知各类工况下，$\boldsymbol{U}_a$、$\boldsymbol{U}_b$、$\boldsymbol{U}_c$ 波形均能保持较好的正弦性，且三相电压之间具有较好的对称性，忽略测量误差，相邻相间能够稳定保持 120°相位差，即实验验证了 Vv+Dyn11 拓扑结构的有效性。

图 3-14 为逆变器输出电流 $\boldsymbol{I}_a$、$\boldsymbol{I}_b$、$\boldsymbol{I}_c$ 幅值变化趋势，忽略测量误差影响，三相电流输出电流幅值几乎一致，且输出电流能够快速跟踪外界条件(主要为辐照度)的变化，即光伏模拟系统具有较好的动态响应特性，与理论及仿真结果相符；为观测三相电流 $\boldsymbol{I}_a$、$\boldsymbol{I}_b$、$\boldsymbol{I}_c$ 波形的正弦性、对称性，任意截取 1:30、3:30、5:30 左右逆变器交流侧三相电流波形及相位分布情况(分别对应图中①、②、③，其中 A 相为基准相)，易知各类工况下，$\boldsymbol{I}_a$、$\boldsymbol{I}_b$、$\boldsymbol{I}_c$ 均具有较好的对称性，相邻相间能够稳定保持为 120°相位差，检测出来的电流波形为阶梯变化的正弦波，这主要由与 Fluke434 三相电能质量测试仪配套的钳式电流传感器量程过大、采样精度不足造成，对比即可看出电流越大检测出的正弦波形越平滑。因此，实验结果验证了光伏三相接入方案及所搭建实验系统的可行性与正确性。

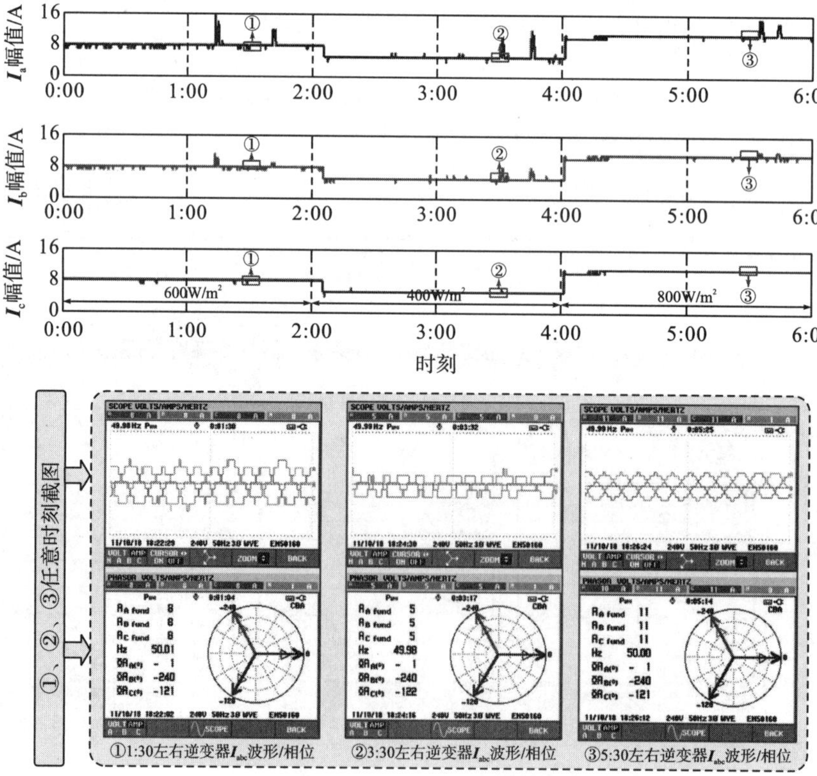

图 3-14 逆变器输出电流及任意时刻三相电流 $\boldsymbol{I}_a$、$\boldsymbol{I}_b$、$\boldsymbol{I}_c$ 波形/相位

3.3.3　典型工况实验分析

为进一步探讨三相接入方案下的系统适应性问题，针对光伏接入前后电能倒送，系统负序、无功、谐波等电能质量进行实验分析。基于 3.2.2 节三类典型工况中 1:30 时刻的牵引负荷功率进行比例缩放，受限于设备精度，线路空载损耗设定为 0.8kW；外界辐照度恒定为 600W/m²，温度恒为 25℃，光伏组件选取单晶硅模拟。表 3-4 为各类工况下的实验预设参数。

表 3-4　典型工况实验预设参数

工况编号	牵引侧参数	牵引侧参数取值	系数 k_1/k_2	光伏侧参数	光伏侧参数取值
工况一：两臂空(轻)载	α 相负荷/kW	0.8	0.14	辐照度/(W/m²)	600
	β 相负荷/kW	0.9	0.15	温度/℃	25.0
工况二：单臂重载	α 相负荷/kW	0.8	0.14	辐照度/(W/m²)	600
	β 相负荷/kW	6	1.02	温度/℃	25.0
工况三：两臂重载	α 相负荷/kW	6.6	1.12	辐照度/(W/m²)	600
	β 相负荷/kW	8.4	1.43	温度/℃	25.0

工况一下的实验测试结果如表 3-5 所示，对比分析易知：

(1) 由于线路空载损耗较小，系统侧三相有功功率均由正向消耗变为了反向倒送，倒送程度与光伏输出功率有关(其中功率差额主要为两台变压器损耗)，A、B、C 三相功率因数均变为负值，同时三相功率因数由 0.65 降低至−0.86，由表 3-4 中 k_1、k_2 可知与 3.2.3 节仿真结果相符。

(2) 光伏接入后光伏逆变器输出的三相电流谐波总畸变率 $\mathrm{THD}_{\mathrm{PV}i}$ 均小于 3.0%，谐波含量符合国标限值；对比光伏接入前后系统侧三相电压谐波总畸变率 THD_u，易知对应相无恶化趋势，即光伏逆变器输出电流中的谐波电流对系统的谐波水平影响有限。

(3) 对比三相电压不平衡度 ε_u 可知，光伏的接入对牵引供电系统的三相电压不平衡度基本无影响，保持在 0.1%，这是由于 ε_u 仅与电力系统侧线电压 U_1、系统短路容量 S_d、负序电流 $I^{(-)}$ 有关，光伏的接入并不会对这三个参数造成影响，与 3.2.2 节仿真结果相符；对比三相电流不平衡度 ε_i 可知，光伏接入后 ε_i 由 49.5% 降至 28.4%，这是由于光伏接入前后牵引供电系统用电的负序电流 $I^{(-)}$ 基本不变，而反向倒送形成的正序电流 $I^{(+)}$ 大于光伏接入前正向消耗态的 $I^{(-)}$，从而造成电流不对称程度相应有所减小。

表 3-5 工况一实验测试结果

工况一	相别	有功功率/kW	功率因数	系统侧 THD_u/%	光伏侧 THD_{PVi}/%	系统侧不平衡度	
						ε_u/%	ε_i/%
光伏接入前	A 相	0.3	0.35	1.1	—	0.1	49.5
	B 相	1.0	0.85	1.5	—		
	C 相	0.4	0.83	1.3	—		
	三相	1.7	0.65	—	—		
光伏接入后	A 相	−1.5	−0.87	1.0	2.8	0.1	28.4
	B 相	−0.7	−0.79	1.3	2.9		
	C 相	−1.2	−0.94	1.1	2.9		
	三相	−3.4	−0.86	—	—		

工况二下的实验测试结果如表 3-6 所示，对比分析易知：

(1) 光伏接入后，A 相出现了单相潮流倒送的现象，有功功率由 0.3kW 变为−1.5kW，功率因数由 0.36 降至−0.86；同时三相功率因数由 0.76 降低至 0.21，这是由于光伏发电系统仅能提供有功功率，由表 3-4 中 k_1、k_2 知与 3.2.3 节仿真结果相符。

(2) 光伏接入后光伏逆变器输出的三相电流谐波总畸变率 THD_{PVi} 小于 3.0%，满足国标限值标准；对比光伏接入前后系统侧三相电压谐波总畸变率 THD_u，易知对应相无恶化趋势，即光伏逆变器输出电流中的谐波电流对系统的谐波水平影响有限。

(3) 对比三相电压不平衡度 ε_u 可知，光伏的接入对牵引供电系统的三相电压不平衡度 ε_u 基本无影响，保持在 0.2%，ε_u 较工况一有所增加，这是由系统负序电流 $I^{(-)}$ 增加造成；对比三相电流不平衡度 ε_i 可知，光伏接入后 ε_i 由 83%上升至 298%，这是由于光伏接入前后牵引供电系统用电的负序电流 $I^{(-)}$ 基本不变，而正向消耗态的正序电流 $I^{(+)}$ 相对减小。

表 3-6 工况二实验测试结果

工况二	相别	有功功率/kW	功率因数	系统侧 THD_u/%	光伏侧 THD_{PVi}/%	系统侧不平衡度	
						ε_u/%	ε_i/%
光伏接入前	A 相	0.3	0.36	1.2	—	0.2	83
	B 相	3.5	0.88	1.6	—		
	C 相	3.0	0.92	1.3	—		
	三相	6.8	0.76	—	—		
光伏接入后	A 相	−1.5	−0.86	1.0	2.8	0.2	298
	B 相	0.6	0.67	1.4	2.9		
	C 相	1.1	0.66	1.1	2.8		
	三相	1.2	0.21	—	—		

工况三下的实验测试结果如表 3-7 所示，对比分析易知：

(1) 由于两臂牵引负荷较大，光伏接入后三相有功功率均下降了 2kW 左右，仍保持为正向消耗状态；三相功率因数由 0.90 降低至 0.77，由表 3-4 中 k_1、k_2 可知与 3.2.3 节仿真结果相符。

(2) 光伏接入后光伏逆变器输出的三相电流谐波总畸变率 THD_{PVi} 小于 3.0%，谐波含量符合国标限值标准；对比光伏接入前后系统侧三相电压谐波总畸变率 THD_u，易知对应相无恶化趋势，即光伏逆变器输出电流中的谐波电流对系统的谐波水平影响有限。

(3) 对比三相电压不平衡度 ε_u 可知，光伏的接入对牵引供电系统的三相电压不平衡度 ε_u 基本无影响，保持在 0.4%；对比三相电流不平衡度 ε_i 可知，光伏接入后 ε_i 由 52.0%上升至 83.3%，这是由于光伏接入前后牵引供电系统用电的负序电流 $I^{(-)}$ 基本不变，而正向消耗态的正序电流 $I^{(+)}$ 相对减小。

表 3-7　工况三实验测试结果

工况三	相别	有功功率/kW	功率因数	系统侧 THD_u/%	光伏侧 THD_{PVi}/%	系统侧不平衡度	
						ε_u/%	ε_i/%
光伏接入前	A 相	3.2	0.83	1.1	—	0.4	52.0
	B 相	7.7	0.99	1.5	—		
	C 相	4.3	0.91	1.3	—		
	三相	15.2	0.90	—	—		
光伏接入后	A 相	1.3	0.50	1.0	2.8	0.4	83.3
	B 相	5.6	0.98	1.3	2.8		
	C 相	2.3	0.76	1.2	2.8		
	三相	9.2	0.77	—	—		

3.4　本 章 小 结

本章主要围绕光伏发电系统三相接入方案及其适应性展开研究，所做的主要工作包括：首先，指出了三相接入方案下的系统拓扑结构，基于通用端口变换理论分析并确定了两侧变压器有效组合形式及其接入特性，分析了光伏并网逆变器运行原理及其控制策略；然后，基于 MATLAB/Simulink 建立了三相接入方案下的系统联合仿真模型，搭建了功率等级铁光互补实验平台，仿真及实验验证了三相接入方案及模型/平台的有效性、正确性，并指出此方案具有结构简单、技术成熟、无须额外研制新型并网器件的优点；基于此，通过典型工况对系统适应性问题进行了初步仿真及实验分析。结果表明：①光伏接入前后系统侧负序电流基本不变，即对三相电压不平衡度基本无影响，但会影响三相电流不平衡度；②商用型光伏逆变器引入的谐波电流对系统谐波水平影响有限；③由于光伏发电系统无法补偿无功功率，其接入会使牵引供电系统功率因数下降，且各相变化程度与两臂牵引负荷同光伏发电系统输出功率的比值系数密切相关；④由于无法动态调节两臂输出光伏电量，将造成在某些工况下出现光伏电能单相/三相潮流倒送现象。结合当前行业背景并从整体运行适应性考察，三相光伏结构相对更适于在完全自发自用供电模式下，以小规模装机容量多点接入繁忙线路运营。

第 4 章　光伏发电系统背靠背接入方案及适应性分析

针对三相接入方案的不足，本章重点围绕光伏发电系统背靠背接入方案及系统适应性展开研究。首先，以适应两臂牵引负荷的随机波动性、不对称性，实现光伏电能高效消纳为设计原则，给出背靠背接入方案下的系统拓扑结构并理论分析系统运行特性，建立一种限幅电流动态修正的能量分配策略及多变流器协调控制策略；然后，利用 MATLAB/Simulink 完善背靠背接入方案下的系统联合仿真模型，并验证模型的正确性，基于牵引侧、光伏侧实测数据，通过大规模长时间尺度算例对比分析并确定光伏最优接入方案，指出背靠背接入方案更具普适性。基于此，4.4 节重点针对背靠背接入方案下的系统适应性进行深入探讨，首先基于系统运行特性逐一对光伏接入后的负序、无功、光伏电能消纳等制约因素的影响机理进行理论分析；然后通过考虑光伏侧、牵引侧多类运行工况，针对上述各项制约因素从多角度进行仿真及算例分析。相关研究成果能够为后续第 6 章治理对策的优化设计提供理论依据。

4.1　系统拓扑结构及运行特性分析

4.1.1　背靠背接入方案系统拓扑结构

为独立控制两臂光伏电能动态分配，增强光伏发电系统在复杂应用环境下的适应性，本节重点介绍光伏发电系统背靠背接入方案，所提系统整体结构如图 4-1 所示。其中，铁路牵引用背靠背光伏发电系统主要由光伏发电单元、背靠背变流器、光伏侧降压变压器等组成。光伏发电单元中光伏阵列通过 DC/DC 变换器并行接至公用直流电容，DC/DC 变换器实现升压及 MPPT 功能；所示背靠背变流器借鉴铁路功率调节器基本原理[72,73]，采用两台单相四象限变流器，直流侧共同接于公用电容，交流侧经滤波后通过降压变压器分别跨接于两侧 27.5kV 牵引馈线上，形成结构对称的背靠背结构，通过实时控制两侧变流器输出，实现光伏电能在 α 相、β 相间的动态分配，联合原有牵引供电系统共同为机车供能。其中，$\boldsymbol{I}_{\alpha c}$、$\boldsymbol{I}_{\beta c}$

分别为α相、β相变流器在牵引侧的等效输出电流；$\boldsymbol{I}_{\alpha l}$、$\boldsymbol{I}_{\beta l}$分别为α相、β相牵引负荷电流；$\boldsymbol{I}_{\alpha}$、$\boldsymbol{I}_{\beta}$分别为α相、β相牵引馈线等效电流，电流关系满足：

$$\begin{cases}\boldsymbol{I}_{\alpha}=\boldsymbol{I}_{\alpha c}+\boldsymbol{I}_{\alpha l}\\ \boldsymbol{I}_{\beta}=\boldsymbol{I}_{\beta c}+\boldsymbol{I}_{\beta l}\end{cases} \tag{4-1}$$

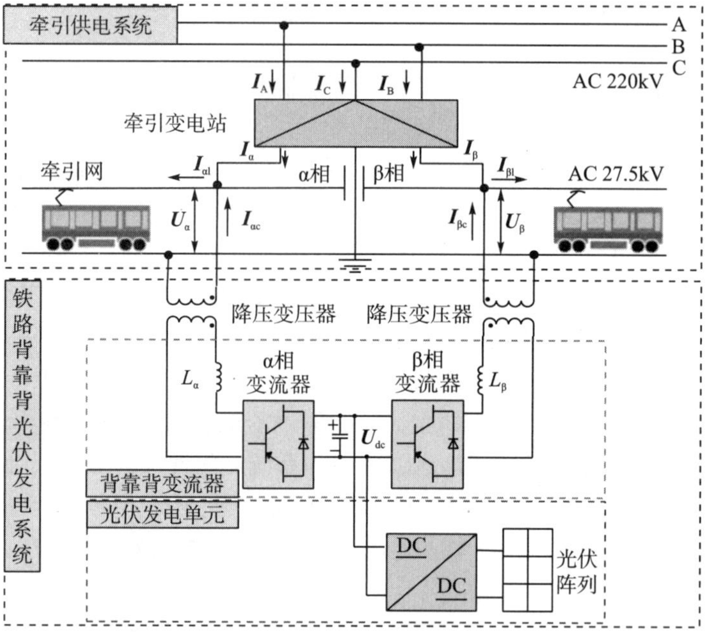

图 4-1 光伏发电系统背靠背接入牵引供电系统拓扑结构

背靠背光伏发电系统控制部分主要包括系统主控制器、α相/β相变流器控制器以及光伏能量控制器。系统主控制器首先依据检测到的两臂牵引负荷实时电压、电流数据，光伏单元实时电压、电流数据进行能量分配，计算出牵引负荷功率、光伏发电系统的目标总出力值、未利用电量、变流器动态限幅值(详细过程参见4.1.2 节)；然后，光伏能量控制器依据目标总出力值进行 MPPT 控制，对未利用电量进行回收处置，实现光伏单元的能量平衡(详细过程参见 2.1.3 节)；最后，α相/β相变流器控制器根据补偿电流参考值，协调控制背靠背变流器与两供电臂之间进行能量传递(详细过程参见 4.1.3 节)。

4.1.2 限幅电流动态修正的系统能量分配策略

为计算光伏发电系统的目标出力值以及实现两臂光伏电能的动态传输，需对系统能量进行优化分配，考虑到再生制动工况，本章采用一种限幅电流动态修正的系统能量分配策略，如图 4-2 所示，主要步骤如下：

(1) 实时检测牵引侧两供电臂输出电压 $\boldsymbol{U}_\alpha(k)$、$\boldsymbol{U}_\beta(k)$，电流 $\boldsymbol{I}_\alpha(k)$、$\boldsymbol{I}_\beta(k)$；光伏侧气象数据 $S_{\rm ref}(k)$、$T_{\rm ref}(k)$、FF(k)。

(2) 计算两臂牵引负荷有功功率 $\boldsymbol{P}_\alpha(k)={\rm Re}[\boldsymbol{S}_\alpha(k)]={\rm Re}[\boldsymbol{U}_\alpha(k)\boldsymbol{I}_\alpha(k)^*]$，$P_\beta(k)={\rm Re}[\boldsymbol{S}_\beta(k)]={\rm Re}[\boldsymbol{U}_\beta(k)\boldsymbol{I}_\beta(k)^*]$，光伏输出功率 $P_{\rm PV}(k)$。

(3) 动态控制 α、β 相变流器最大输出电流限幅值，其中 $I_{\alpha{\rm cp\_lim}}(k)=\sqrt{2}P_\alpha(k)/U_\alpha(k)$，$I_{\beta{\rm cp\_lim}}(k)=\sqrt{2}P_\beta(k)/U_\beta(k)$。

(4) 判断两臂是否有处于制动工况，若是，则修正对应相变流器限幅值，令 $I_{i{\rm cp\_lim}}(k)=0$，即该相不对外输出光伏电能，变流器处于待机状态；反之，跳转至步骤(5)。

(5) 预判光伏电能未消纳情况，判断电臂总牵引功率 $\sum P_{牵引相}(k)$ 是否小于 $P_{\rm PV}(k)$，若是，则光伏发电系统输出功率 $P_{\rm PVout}(k)=\sum P_{牵引相}(k)$，未消纳电量 $P_{\rm abd}(k)=P_{\rm PV}(k)-\sum P_{牵引相}(k)$；反之，$P_{\rm PVout}(k)=P_{\rm PV}(k)$，$P_{\rm abd}(k)=0$，其中未消纳电量需进行必要的弃电处理。

(6) 判断是否达到结束条件，若是，则结束运行，反之，跳转至步骤(1)。

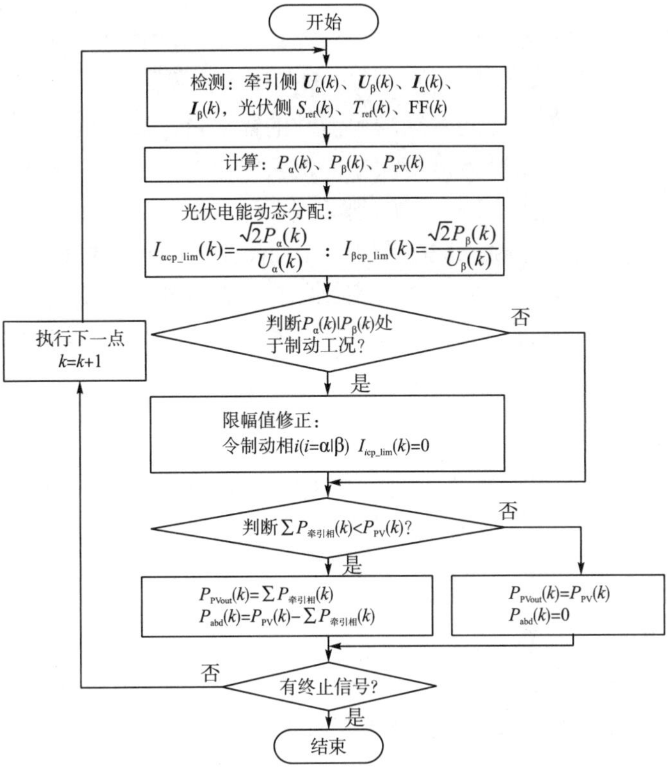

图 4-2　改进的限幅电流动态修正的系统能量分配策略

4.1.3 背靠背变流器及其控制策略

背靠背变流器协调控制策略如图 4-3 所示。基于传统电压、电流双闭环控制方法，利用电压外环实现直流侧电压的建立与稳定，并提供电流内环的参考值；利用电流内环控制两侧逆变器输出电流 $\boldsymbol{I}_{\alpha c}$、$\boldsymbol{I}_{\beta c}$ 跟踪其参考值 $I_{\alpha c}^*$、$I_{\beta c}^*$。

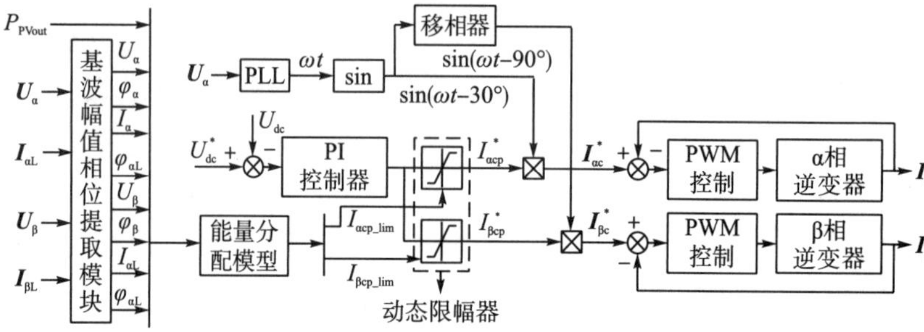

图 4-3 背靠背变流器协调控制策略

结合铁路牵引供电系统的特殊性，双闭环控制方法改进点在于：①直流侧电压 U_{dc} 由 α、β 相变流器协同控制，直流侧电压 U_{dc} 与参考值 U_{dc}^* 之间的差值可用于表征两侧变流器与外界之间有功功率流动的需求量；②电压环输出端通过加设动态限幅器，能够实时限制两侧变流器的最大输出电流，实现光伏电能动态分配以及避免能量倒送至电力系统。考虑到 $\boldsymbol{U}_\alpha$ 和 $\boldsymbol{U}_\beta$ 之间有固定的 60°相位差[40]，通过对 $\boldsymbol{U}_\alpha$ 进行锁相处理，得到 $\boldsymbol{U}_\alpha$ 的同步信号 $\sin(\omega t-30°)$ 后再作移相处理，得到 $\boldsymbol{U}_\beta$ 的同步信号 $\sin(\omega t-90°)$，与直流外环得到的电流内环指令值 $I_{\alpha cp}$、$\boldsymbol{I}_{\beta cp}$ 相乘后得到 α、β 相逆变器的参考电流 $\boldsymbol{I}_{\alpha c}^*$、$\boldsymbol{I}_{\beta c}^*$，两变流器采用电流滞环比较控制法，以保证两变流器具备较快的动态响应速度[73]。

4.2 背靠背接入方案仿真验证与分析

4.2.1 仿真验证

为验证光伏背靠背接入方案及系统控制策略的正确性，本节基于 MATLAB/Simulink 搭建了图 4-1 中光伏发电系统背靠背接入牵引供电系统的联合仿真模型，主要系统参数见表 3-2。光伏装机容量仍设置为 1MWp，为便于比较，给定与 3.2.1 节三相接入方案完全相同的运行工况，即图 3-5(a)所示 α 相、β 相电臂运行工况模拟牵引负荷各类运行场景，给定如图 3-5(b)所示辐照度、温度模拟外界气象条件。仿真结果如图 4-4 所示。

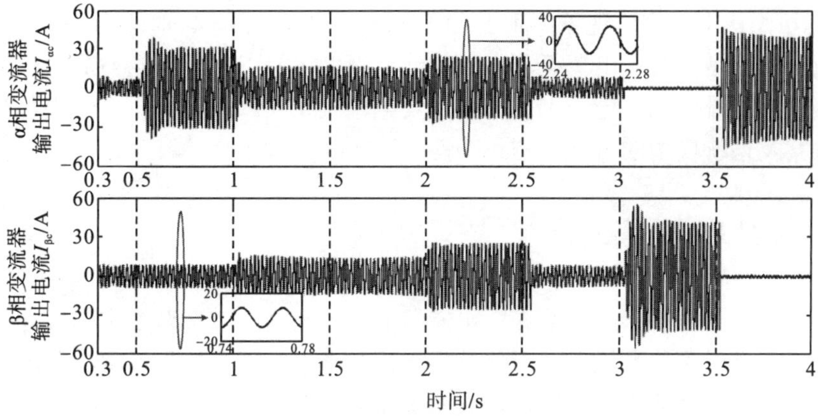

(a)背靠背变流器输出电流

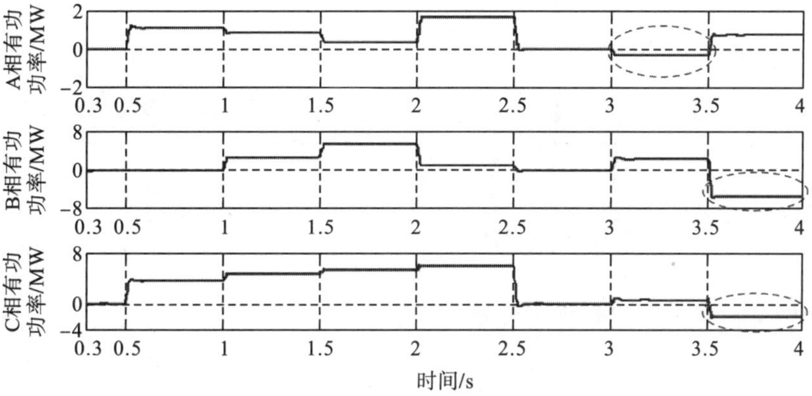

(b) 系统侧三相有功功率变化情况

图 4-4　光伏发电系统背靠背接入方案仿真验证

图 4-4(a)为 α 相、β 相变流器输出电流，对比图 3-5(e)可以看出，辐照度不再是影响变流器输出电流幅值的主要因素，分析背靠背接入方案下的各类工况易知，α 相、β 相变流器输出电流均能够有效跟踪两臂负荷变动，实现光伏电能的实时动态分配，即电臂有机车经过时，光伏发电系统主动向载荷较大的电臂分配更多的电能(对应 0.5～1s)；电臂空载时，光伏发电系统主动承担线路空载损耗(对应 0.3～0.5s、2.5～3s 时段)；电臂出现制动工况时，光伏发电系统停止向制动相供能，另一相仍进行动态分配(对应 3～4s 时段)，有效避免了光伏电能倒送至电力系统。截取两相任意点的局部放大图可以看出，输出电流均具有良好的正弦性，

同时两相输出电流均能较快地保持输出稳定，具有较好的动态响应特性。

图 4-4(b)为系统侧三相有功功率变化情况，由图可知即使在两臂空载(对应 0.3～0.5s、2.5～3.0s 时段)或单臂空载(对应 0.5～1s 时段)工况，系统侧均未出现单相/三相光伏电能倒送现象；而 3～3.5s 时段 A 相，3.5～4s 时段 B、C 相出现了反向电能，这是由对应电臂机车再生制动过程引起的，结合图 4-4(a)对应制动相变流器输出电流可知，电能倒送与光伏发电系统无关。故仿真结果验证了背靠背接入方案及系统模型的可行性与正确性。

4.2.2 典型工况仿真分析

为分析背靠背接入方案下光伏电能的消纳情况，将 3.2.2 节给定的三种典型工况作为两臂牵引负荷预设值，对比分析光伏发电系统三相接入方案、背靠背接入方案下的未利用光伏电量情况，仿真结果如图 4-5 所示。

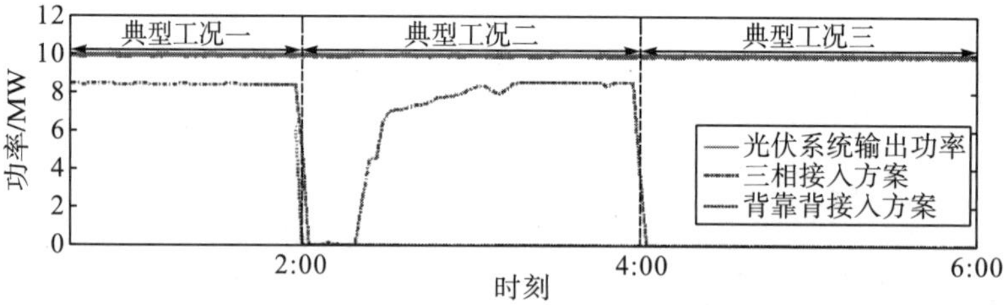

图 4-5　两种方案下的未利用光伏电量

由图 4-5 可知，背靠背接入方案明显较三相接入方案下的未利用电量低，尤其是在典型工况二，即单臂空载(轻载)工况时，背靠背变流器通过有效跟踪两臂负荷变动，实现了光伏电能的实时动态分配，主动向载荷较大的电臂分配更多的电能，该工况下的光伏电能达到了全额消纳，仿真结果也进一步说明了背靠背接入方案的有效性。

4.3 最优接入方案对比

由于电气化铁路牵引负荷按行车运行图，以日为单位进行固定、准确的周期性运行，而光伏出力会受全年气象条件影响。为进一步确定光伏最优接入方案，还需通过大规模长时间尺度的算例分析对上述两种不同接入方案进行对比，考虑到光伏电能的消纳情况将直接影响能源投资方的经济收益，故以牵引供电系统对光伏电能的消纳能力作为衡量标准，定义光伏电能未消纳率 R_{abd} 来评估牵引负荷对光伏电能的消纳能力，即 R_{abd} 越小表明消纳能力越强。

$$R_{\text{abd}}=\frac{E_{\text{abd}}}{E_{\text{PV}}}=\frac{\int_0^T P_{\text{abd}}(t)\text{d}t}{\int_0^T P_{\text{PV}}(t)\text{d}t} \tag{4-2}$$

为分析不同光伏接入方案下牵引供电系统接纳光伏的能力，选取如图 2-15 和图 2-16 所示某牵引变电站典型日实测负荷数据，光伏侧选取如图 2-9 所示该地全年实测气象数据。基于光伏发电功率估算模型以及不同接入方案下的系统控制策略，对光伏发电系统全年消纳情况进行算例分析，三相接入方案下的分析结果如图 4-6(a)所示，背靠背接入方案下的分析结果如图 4-6(b)所示。

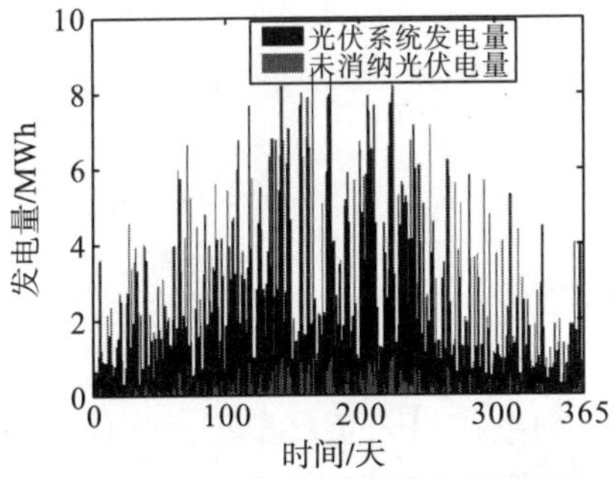

(a)三相接入方案光伏系统年消纳情况

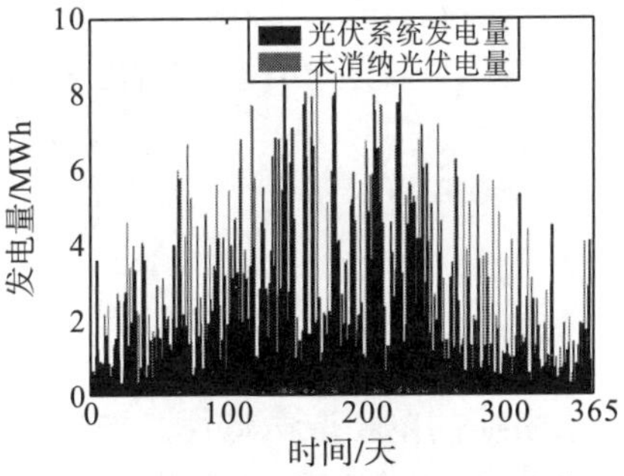

(b) 背靠背接入方案光伏系统年消纳情况

图 4-6　两种方案下的光伏消纳能力分析

对比各方案下的光伏电量消纳情况易知，在相同外界条件下，背靠背接入方案明显优于三相接入方案。由表 4-1 中的统计数据可知，光伏发电系统年发电量为 1054.2MWh，三相接入方案下牵引负荷年消纳电量为 992.88MWh，未消纳电量为 61.32MWh，未消纳率为 5.82%；背靠背接入方案下牵引负荷年消纳电量为 1046.55MWh，未消纳电量为 7.65MWh，年未消纳率为 0.73%，消纳情况明显较好。

表 4-1　两种方案下的光伏电量统计结果

方案	牵引负荷日用电量/(MWh+Mvarh)	光伏装机容量/MWp	光伏发电系统年发电量/MWh	光伏发电系统年未消纳电量/MWh	未消纳率/%
三相接入	273.0+80.6	1	1054.2	61.32	5.82
背靠背接入	273.0+80.6	1	1054.2	7.65	0.73

综上可知，背靠背接入方案下，由于光伏发电系统能够依据牵引负荷实时工况动态调节两臂输出光伏电量，更加符合当前无相关政策支持光伏发电系统通过

牵引变电站向电力系统倒送电能的行业背景，能够在兼具较高光伏电能消纳率的前提下，有效避免电臂空载或轻载工况时的电能倒送，故此类接入方案更具普适性。基于此，本书后半部分将重点针对光伏背靠背接入方案下的系统适应性及优化治理对策展开研究。

4.4 系统适应性分析

为探讨背靠背接入方案下的系统适应性问题，本节重点围绕光伏接入后的负序、无功、光伏电能消纳能力等问题展开研究。首先，基于光伏发电系统与牵引供电系统的运行特性，对上述问题的影响机理进行理论分析；然后，基于联合仿真模型考虑多类运行工况，并结合实测数据逐一进行仿真分析以揭示各因素的变化特性；最后，对光伏接入过程中可能面临的运行难题进行归纳总结并提出相关应用建议。

4.4.1 负序问题

1. 影响机理分析

牵引负荷的单相取电特性，将向三相电力系统引入负序电流。光伏作为新增外部系统，接入后势必对三相系统侧的负序电流造成影响。以 V 型牵引变压器为例，基于端口变换理论[40]可得电力系统侧的三相电流为

$$\begin{bmatrix} \boldsymbol{I}_{\mathrm{A}} \\ \boldsymbol{I}_{\mathrm{B}} \\ \boldsymbol{I}_{\mathrm{C}} \end{bmatrix} = \frac{1}{K}\left\|\begin{matrix} 1 & 0 \\ 0 & 1 \\ -1 & -1 \end{matrix}\right\| \begin{bmatrix} \boldsymbol{I}_{\alpha} \\ \boldsymbol{I}_{\beta} \end{bmatrix} = \frac{1}{K}\begin{bmatrix} \boldsymbol{I}_{\alpha} \\ \boldsymbol{I}_{\beta} \\ -(\boldsymbol{I}_{\alpha}+\boldsymbol{I}_{\beta}) \end{bmatrix} \tag{4-3}$$

式中，K 为牵引变压器的变比。

以 A 相为基准，根据对称分量法，则未接入光伏前，电力系统侧负序电流为

$$\boldsymbol{I}^{(-)} = \frac{1}{3}(\boldsymbol{I}_{\mathrm{A}} + a^2\boldsymbol{I}_{\mathrm{B}} + a\boldsymbol{I}_{\mathrm{C}}) = \frac{1}{3K}\left[(1-a)\boldsymbol{I}_{\alpha 1} + (a^2-1)\boldsymbol{I}_{\beta 1}\right] \tag{4-4}$$

式中，a 为单位向量算子。

光伏接入后，电力系统侧负序电流变为

$$\begin{aligned} \boldsymbol{I}'^{(-)} &= \frac{1}{3K}[(1-a)(\boldsymbol{I}_{\alpha 1}+\boldsymbol{I}_{\alpha c}) + (a^2-1)(\boldsymbol{I}_{\beta 1}+\boldsymbol{I}_{\beta c})] \\ &= \frac{1}{3K}[(1-a)\boldsymbol{I}_{\alpha 1} + (a^2-1)\boldsymbol{I}_{\beta 1}] + \frac{1}{3K}[(1-a)\boldsymbol{I}_{\alpha c} + (a^2-1)\boldsymbol{I}_{\beta c}] \\ &= \boldsymbol{I}_1^{(-)} + \boldsymbol{I}_{\mathrm{c}}^{(-)} \end{aligned} \tag{4-5}$$

式中，$\boldsymbol{I}_1^{(-)}$为由牵引负荷引入的负序电流分量；$\boldsymbol{I}_{\mathrm{c}}^{(-)}$为由光伏发电系统引入的负序电流分量。

为分析光伏接入前后负荷电流的变化，分别选取牵引态和制动态下的两类典型工况。牵引态下取 α 相处于重载，β 相处于轻载工况（即 $I_{\alpha l}>I_{\beta l}>0$），对应的电流矢量关系如下：

$$\begin{aligned}\boldsymbol{I}'^{(-)} &= \frac{1}{\sqrt{3}K}\left(\mathrm{e}^{-\mathrm{j}30^\circ}\boldsymbol{I}_{\alpha l}+\mathrm{e}^{-\mathrm{j}150^\circ}\boldsymbol{I}_{\beta l}\right)+\frac{1}{\sqrt{3}K}\left(\mathrm{e}^{-\mathrm{j}30^\circ}\boldsymbol{I}_{\alpha c}+\mathrm{e}^{-\mathrm{j}150^\circ}\boldsymbol{I}_{\beta c}\right)\\ &= \frac{1}{\sqrt{3}K}\left(\mathrm{e}^{-\mathrm{j}(60^\circ+\varphi_\alpha)}I_{\alpha l}+\mathrm{e}^{-\mathrm{j}(240^\circ+\varphi_\beta)}I_{\beta l}\right)+\frac{1}{\sqrt{3}K}\left(\mathrm{e}^{\mathrm{j}120^\circ}I_{\alpha c}+\mathrm{e}^{-\mathrm{j}60^\circ}I_{\beta c}\right)\end{aligned} \tag{4-6}$$

简化处理比例系数 $1/\sqrt{3}K=1$，利用式(4-6)即可做出光伏接入前后的负序电流变化情况，如图 4-7(a)所示。由图可知，由于背靠背变流器可实现光伏电量的动态调节，与三相接入方案不同的是，在电力系统侧会对应地产生负序电流分量 $I_{\mathrm{c}}^{(-)}$，同时由相位关系可知 $I_{\mathrm{c}}^{(-)}$ 与 $I_1^{(-)}$ 间相位差大于 90°，则光伏接入后的电力系统侧负序电流 $I^{(-)}$ 较接入前 $I_1^{(-)}$ 降低。

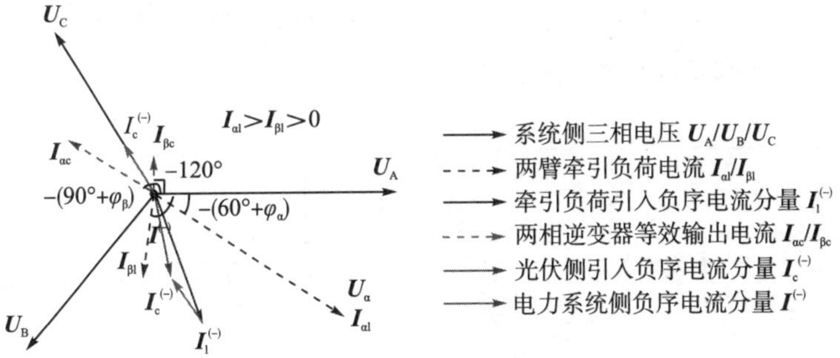

(a) 单臂轻载、单臂重载

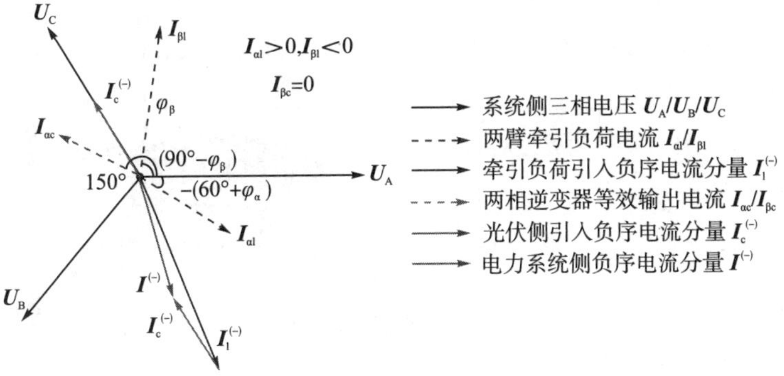

(b) 单臂制动、单臂载荷

图 4-7　光伏接入前后负序电流变化矢量图

制动态下取 α 相处于牵引工况，β 相处于制动工况（即 $I_{\alpha l}>0$，$I_{\beta l}<0$），对应的电流矢量关系变为

$$I'^{(-)}=\frac{1}{\sqrt{3}K}\left(e^{-j(60^\circ+\varphi_\alpha)}I_{\alpha 1}+e^{-j(60^\circ+\varphi_\beta)}I_{\beta 1}\right)+\frac{1}{\sqrt{3}K}\left(e^{j120^\circ}I_{\alpha c}\right) \tag{4-7}$$

利用式(4-7)得出光伏接入后的负序电流变化情况如图 4-7(b)所示。由图可知，光伏接入后的电力系统侧负序电流 $I^{(-)}$ 较接入前 $I_1^{(-)}$ 降低，这是由于光伏电能会对牵引相进行一定的有功电流补偿，同时通过控制 $\boldsymbol{I}_{\beta c}=0$，将不会对制动相造成影响。同理也可分析其他典型工况。

由此可知，通常情况下光伏发电系统背靠背接入并不会恶化电力系统侧的负序问题，一定程度还能有效降低系统负序电流，起到补偿负序的作用。

2. 仿真分析

为分析光伏接入对 220kV 系统侧负序电流的影响情况，设定光伏发电系统装机容量 1MWp 进行分析，选取如图 2-15 和图 2-16 中两臂某 20min 段实测负荷数据进行波形复现，如图 4-8(a)所示；取对应时段的温度及辐照度数据作为外部变量，用以模拟外界气象条件的动态变化，如图 4-8(b)所示；图 4-8(c)为光伏接入前后 220kV 系统侧负序电流的对比情况。

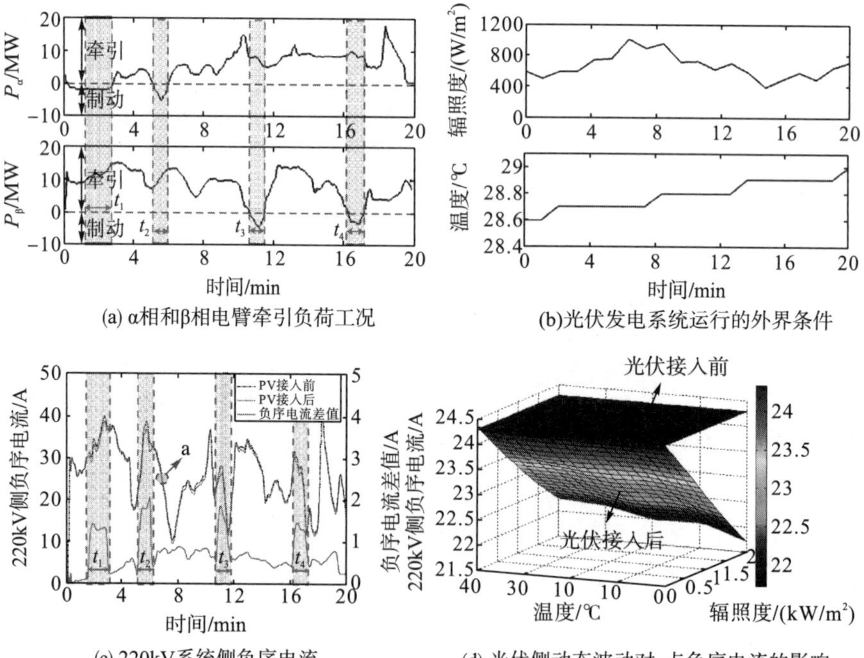

(a) α相和β相电臂牵引负荷工况　(b)光伏发电系统运行的外界条件

(c) 220kV系统侧负序电流　(d) 光伏侧动态波动对a点负序电流的影响

图 4-8　负序问题仿真分析

扫一扫　看彩图

由图 4-8(c)中的负序电流差值 $\Delta I^{(-)} = I^{(-)} - I'^{(-)}$ 可知，在各类工况下光伏的接入可有效降低 220kV 系统侧的负序电流($\Delta I^{(-)} > 0$)，最高可降低 2.06A，即在一定程度上能够实现对牵引供电系统的负序补偿，这是由于一方面光伏发电系统能够代替电力系统为负荷提供部分电能；另一方面，光伏发电系统能够依据两臂实时负荷数据，实现光伏电能的动态分配，即主动向载荷大的电臂分配更多的电能，对电力系统来说，相当于减小了两臂的负荷不平衡度，尤其是在单臂制动单臂载荷下的负荷电流补偿程度最为明显(对应图中 t_1、t_2、t_3、t_4 时段)，与 4.4.1 节第一部分理论分析结果相符。

为定量分析光伏侧动态波动对 220kV 系统侧负序电流的影响，截取图 4-8(c)中任意点 a 进行分析，如图 4-8(d)所示。由图可知，光伏未接入前负荷电流为 24.29A，220kV 系统侧负序电流减小程度随光伏出力的增加而增加，具体地：变化趋势呈现出随辐照度增加而增加，随温度升高而减小，但辐照度影响程度占主要地位，仿真范围内下降幅度最大达 2.57A。同时结合仿真结果可以推知，负序电流改善程度会随光伏装机容量的增大而加强。

4.4.2　无功问题

1. 影响机理分析

牵引供电系统的无功功率可以通过功率因数反映，电力部门会对其月平均功率因数 PF_{avg} 进行考核，再以 0.90 为基准实行力率罚款(即高于 0.90 奖励，低于 0.90 罚款)。特别地，无功电能一般采用“倒送正计”的计量方式，有功电能倒送部分暂不纳入计量范围，即[60]

$$PF_{avg} = \frac{E_{\alpha fp} + E_{\beta fp}}{\sqrt{(E_{\alpha fp} + E_{\beta fp})^2 + (E_{\alpha fq} + E_{\beta fq} + E_{\alpha rq} + E_{\beta rq})^2}} \tag{4-8}$$

式中，$E_{\alpha fp}$、$E_{\beta fp}$ 分别为 α 相、β 相牵引负荷正向月有功电量；$E_{\alpha fq}$、$E_{\beta fq}$ 分别为 α 相、β 相牵引负荷正向月无功电量；$E_{\alpha rq}$、$E_{\beta rq}$ 分别为 α 相、β 相牵引负荷反向月无功电量。

通常情况下光伏只输出有功功率[69]，光伏的接入将使电力系统提供的有功电能减少，而消耗、倒送的无功电能保持不变，此时月平均功率因数变为

$$PF'_{avg} = \frac{E_{\alpha fp} + E_{\beta fp} - E_{PVuse}}{\sqrt{(E_{\alpha fp} + E_{\beta fp} - E_{PVuse})^2 + (E_{\alpha fq} + E_{\beta fq} + E_{\alpha rq} + E_{\beta rq})^2}} \tag{4-9}$$

式中，PF'_{avg} 为光伏接入后牵引供电系统的月平均功率因数；E_{PVuse} 为光伏发电系统为牵引负荷提供的月有功电量。

对比式(4-8)和式(4-9)可知，光伏的接入将导致月平均功率因数下降。

2. 算例分析

由理论分析可知，光伏的接入会导致牵引供电系统月平均功率因数降低，虽然牵引负荷具有日周期性，但光伏出力受全年气象条件影响，具有明显的季节性。为考察光伏接入对全年月平均功率因数的影响情况，选取如图 2-15 和图 2-16 所示牵引变电站典型日实测负荷数据，利用图 2-9 中用到的该地全年气象数据，基于光伏发电功率估算模型及系统控制策略进行算例分析，设定光伏装机容量分别从 0MWp 增至 10MWp，则不同装机容量下牵引供电系统全年月平均功率因数分布情况如图 4-9 所示。

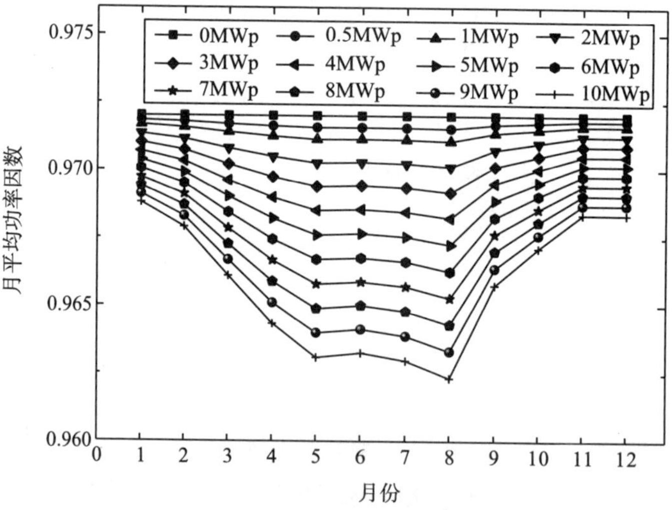

图 4-9　全年月平均功率因数变化情况

由图 4-9 仿真结果可知，在未接入光伏时，由于牵引负荷严格按照行车运行图周期性运行，全年的月平均功率因数基本保持在 0.972 附近；光伏的接入会在一定程度上降低牵引供电系统的月平均功率因素，且随光伏装机容量的增加，下降趋势增大；除此之外，全年的月平均功率因数呈现出明显的季节性波动，5～8 月明显低于其他月份，这是由于夏季光资源充足，光伏出力较大，牵引负荷对电力系统的依赖程度减少；仿真范围内，最低值 0.962 出现在光伏装机容量为 10MWp 的夏季 8 月份处，但下降程度较小，均未低于 0.9 限制，即在仿真范围内无罚款风险。

4.4.3　光伏电能消纳能力

1. 影响机理分析

由第 2 章分析可知，光伏出力与牵引负荷具有双重随机波动性，这种不确定性迫使光伏发电系统在某些时刻，如供电臂上空载或轻载工况下，可能出现光伏输出过剩、电能无法完全消纳的现象，而目前尚无相关政策支持光伏发电系统通过牵引变电站向电力系统倒送电能。因此，光伏电能的消纳情况将直接影响能源投资方的经济收益。

为评估牵引供电系统对光伏发电系统的接纳能力，需结合牵引负荷与光资源的时空分布特性，以年为单位考察其总体消纳情况。基于此，本节依据 2.1.4 节介绍的适用于大规模长时间尺度的光伏发电功率估算模型，以不同光资源典型分布地区、不同光伏发电系统装机容量作为输入变量，以式(4-2)所示光伏电能未消纳率 R_{abd} 作为衡量指标，多方位考量光伏电能的消纳情况。

2. 算例分析

为考察地域、装机容量对光伏电能消纳能力的影响，分别选取五类光资源代表地：敦煌(一类地区)、大同(二类地区)、济南(三类地区)、杭州(四类地区)、成都(五类地区)；装机容量设置范围选取(0,10]MWp；由于采用完全自发自用供电模式，主要针对如图 2-15 和图 2-16 所示繁忙线路(线路负载率较高)展开研究，不繁忙线路可依据相同研究思路进行同类比较，暂不详细论述。算例分析结果如图 4-10 所示，其中，图 4-10(a)为年发电量情况，图 4-10(b)为年未消纳电量情况，图 4-10(c)为年未消纳率情况，图 4-10(d)为光伏装机容量为 5MWp 时的日消纳情况概率统计，图 4-10(e)为日最大未消纳率情况，图 4-10(f)为日最小未消纳率情况。

由图 4-10(a)通过横向对比易知，随着光伏装机容量增加，光伏发电系统发电量呈比例线性上升；纵向对比在相同装机容量下，光伏发电系统年发电量受地域影响明显，即敦煌>大同>济南>杭州>成都，且一类、五类地区年发电量差值可达 2 倍以上。结合图 4-10(b)中年未消纳电量可知，随着光伏装机容量增加，光伏发电系统发电量上升，而无法消纳的光伏电能也随之增加，这是由于牵引负荷的大小在时间上具有日周期性，各时刻能够消纳的光伏电量可近似固定，光伏出力增加将导致在电臂空载或轻载工况下未消纳量进一步增加；纵向比较易知，光资源越好的地区未消纳电量越多，但是当光伏装机容量小于 1MWp 时，这种地域影响并不明显。具体地：光伏装机容量为 1MWp 时，未消纳电量分别为 39.47MWh、15.5MWh、7.47MWh、4.93MWh、7.65MWh；对应于图 4-10(c)中年未消纳率分别为 1.76%、0.87%、0.49%、0.37%、0.73%，消纳情况均较好。

值得注意的是，年未消纳率并未按照光资源分布丰富程度排布，在本章所示仿真条件下，四类地区的年未消纳率整体上是最低的，三、五类地区未消纳程度大致相当，且略高于四类地区，这主要是由于牵引负荷分布情况与光伏日出力匹配程度有关。进一步，以光伏装机容量为 5MWp 时的日消纳率情况为例进行概率统计(统计周期为 365 天)，统计结果如图 4-10(d)所示，由图易知，虽然五类地区在[0,5%]分布概率要大于四类地区，但是总体上在[0,10%]区间，四类地区(91.2%)要明显高于五类地区(80.5%)，四类地区与此牵引负荷总体匹配程度更好，故其总体年未消纳率低于四类地区。

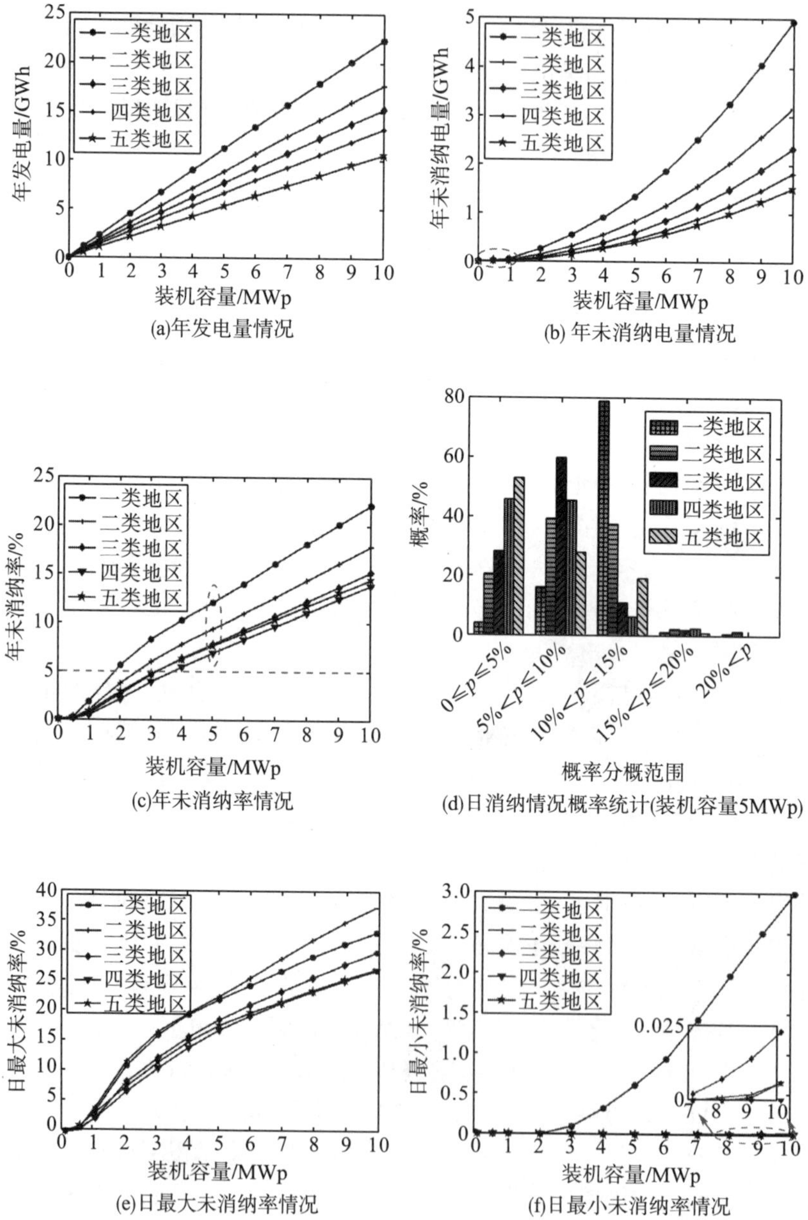

图 4-10 不同装机容量/光资源地区下的消纳能力分析

具体地，对日最大/最小消纳率情况进行分析：由图 4-10(e)可知，对于一类地区，当光伏装机容量大于 2MWp 时，最小日消纳率开始大于零；针对二、三类地区，当光伏装机容量大于 7MWp 时，最小日消纳率开始大于零；针对五类地区，当光伏装机容量大于 9MWp 时，最小日消纳率开始大于零；而四类地区在仿真范围内最小日消纳率均近似为零。结合图 4-10(f)中的日最大未消纳率情况可知，四类地区的日最大未消纳率相对较低，即该地区与此牵引负荷的匹配性最好，进一步验证了图 4-10(c)中的现象。

综合可知，光伏电能的消纳情况与光伏装机容量、选址地光资源情况、牵引负荷与光伏发电系统全年出力的匹配程度等多类因素有关。因此，在实际应用中应结合上述各类影响因素进行多方面折中考虑，合理地对光伏发电系统进行选址定容，以实现能源投资商经济利益最大化。鉴于研究侧重点不同，本书暂未对其进行详细论述。

4.5　本章小结

针对三相接入方案的不足，本章重点围绕光伏发电系统背靠背接入方案及其适应性展开研究，所做主要工作包括：首先，给出了背靠背接入方案下的系统拓扑结构并理论分析了系统运行特性，设计了一种限幅电流动态修正的系统能量分配方法及背靠背变流器协调控制策略；然后，基于 MATLAB/Simulink 完善了背靠背接入方案下的系统联合仿真模型，通过仿真验证了优化后的背靠背接入方案及模型的有效性、正确性；接着，基于实测数据以牵引供电系统对光伏电能的消纳能力作为衡量标准，对上述两种接入方案进行了算例对比，结果表明，背靠背接入方案能够在兼具较高光伏电能消纳率的前提下有效避免电臂空载或轻载工况时的单相/三相电能倒送，因此更具普适性。基于此，本章后续部分又重点针对背靠背接入方案下的系统适应性进行了深入探讨，针对光伏接入后的负序、无功、光伏电能消纳能力等问题进行了理论及仿真分析。结果表明：①光伏电能的动态分配在一定程度上可降低电力系统侧的负序电流，实现负序补偿；②光伏的接入使牵引供电系统月平均功率因数下降，同时全年月平均功率因数呈现出明显的季节性波动，影响程度还与光伏装机规模及线路繁忙程度有关；③光伏电能的消纳情况受光伏装机容量、选址地光资源情况、牵引负荷与光伏发电系统全年出力的匹配程度等多类因素有关，在实际应用中需综合考量；④制动电能尚未得以充分利用。综上可知，背靠背接入方案相较于三相接入方案适用范围更广，适应性更好，因此后续第 6 章和第 7 章将均基于背靠背接入方案进行研究。

第 5 章 光伏接入对牵引侧的影响

牵引侧电气工程可分为电气一次侧工程和电气二次侧工程，本章以某实际牵引变电站作为研究对象进行工程分析。具体地，首先对比分析光伏接入前后对电气一次侧总体设计的影响，包括主接线及运行方式的影响、新增设备及接地/回流方案的改进等；然后对电气二次侧可能造成的影响，包括对继电保护方案、自动装置及电费计量方案等进行分析，基于此提出电费计量方案的建议；最后结合前期研究基础，针对项目实施过程中不同光伏接入方案对牵引供电质量的影响进行概述并指出对应的应用建议。相关研究成果能够为第 6 章优化治理方案设计及第 7 章经济性分析提供理论依据。

5.1 项目建设/安装过程对牵引站的影响及应对措施

5.1.1 对总体设计的影响及应对措施

1. 某牵引变电站既有主接线及运行方式

对于不同光伏接入方案，其在牵引侧的总体设计大致相同。以某 110kV 实测牵引变电站为例进行分析，110kV 侧采用线路分支接线，外部引入两路独立的 110kV 电源，牵引变压器采用三相 Vv 接线。进线电源及牵引变压器均采用一主一备运行方式，固定备用，并设置牵引变压器及进线电源备用自投装置。27.5kV 侧采用单母线分段接线，分相设置馈线备用断路器及动态无功补偿装置。既有主接线方案如图 5-1 所示。

2. 光伏发电系统接入后牵引变电站的主接线及运行方式

光伏发电系统接入牵引变电站后，维持既有牵引变电站既有两路 110kV 外部电源、牵引变压器、馈线侧的主接线及运行方式不变。光伏发电系统为此牵引变电站 27.5kV 每相(每段母线)提供一路 27.5kV 进线电源，通过在牵引变电站内增置 27.5kV 断路器接于每相 27.5kV 馈线的母线上。

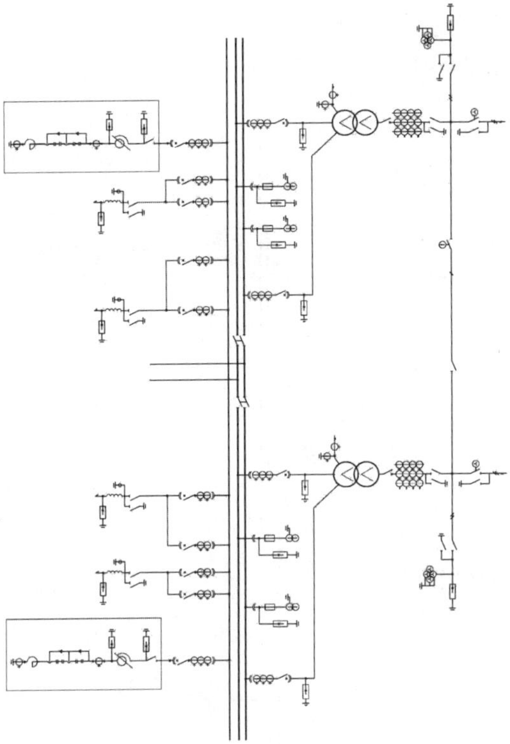

图 5-1　某牵引变电站既有主接线

光伏发电系统与牵引变电站 110kV 外部电源进线电源并列运行。鉴于目前尚无相关政策支持光伏发电系统通过牵引变电站向电力系统倒送电能，本书在分析时均采用完全自发自用供电运行模式。日常运行时，随着牵引负荷的变化，电源系统(含电力电源、光伏电源，以下同)向牵引系统供电的方式也在发生变化，一般有三种情况：一是当牵引负荷较大，光伏电源不能满足牵引负荷用电需求时，由光伏电源和 110kV 外部电源同时向牵引系统供电；二是当牵引系统空载，无牵引负荷需求时，光伏电源进行限功率处理/储能回收运行，避免光伏电能倒送至电力系统侧；三是当牵引负荷较小且不能完全消耗光伏电能时，由光伏电源通过牵引变电站 27.5kV 母线和牵引变压器，向牵引系统输送部分电能，多余部分光伏侧进行限功率处理/储能回收，避免倒送电现象发生。

接入光伏发电系统后的主接线方案如图 5-2 所示。

3. 光伏发电系统接入后对设备及接地、回流方案的影响

在设备方面，由接入光伏发电系统而新增 27.5kV 设备与既有一致采用户内空气绝缘开关(air insulated switchgear，AIS)开关柜；相应的保护测控装置和计量装

置可接入既有牵引变电站综合自动化系统，可在既有交直流屏的预留回路上新增控制电源；新增设备的控制电源利用既有交直流屏的预留回路。

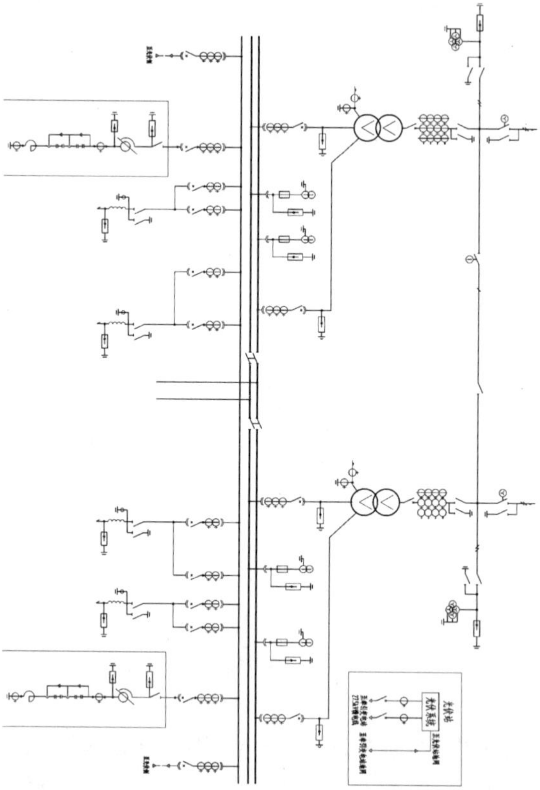

图 5-2 接入光伏发电系统后牵引变电站的主接线

在接地、回流方面，由接入光伏发电系统而新增的高压设备及保护设备的接地可分别纳入牵引变电站高压室接地网及主控室接地网；为保证系统的等电位及牵引回流的通畅，将牵引变电站接地网与光伏站接地网通过两根铜绞线相连，连接方式可采用放热焊接。

5.1.2 对既有继电保护的影响及应对措施

1. 某牵引变电站既有保护配置方案

牵引变压器保护：设置差动、110kV 侧过电流、重瓦斯、电源失压、27.5kV 侧低电压过电流保护，以及轻瓦斯、过负荷、过热信号，同时具有备用电源自动投入功能。

馈线保护：设置距离保护、电流速断保护、过电流保护，具有一次自动重合闸及故障点标定等功能。

2. 光伏发电系统接入后的继电保护方案

当光伏发电系统接入后，牵引系统由原来的一路电源供电变为两路电源同时供电，且随着不同时间段牵引负荷的剧烈变化，双电源系统的供电方式、在牵引变电站内的潮流分布也在发生变化。由于光伏发电系统不具备输出短路电流的能力，在系统任何点发生短路故障时，仅考虑电力系统电源提供的短路电流。下面按照图5-3中的短路示意图，分析各特征点发生短路时保护设置方案及可靠性。

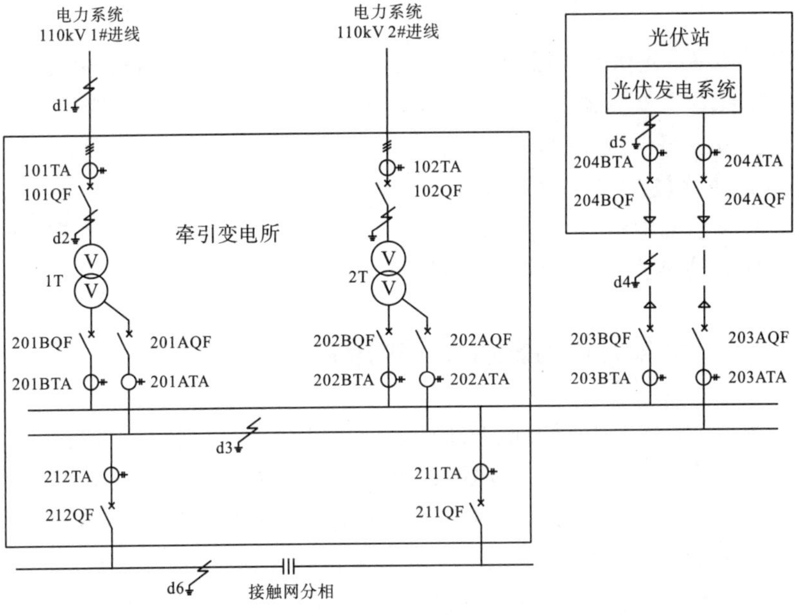

图5-3　短路示意图

1) d1点短路(电力系统电源进线短路)

当d1点短路时，故障电流由外部电力系统提供，且仅流过电力系统变电站出线间隔，继电保护方案及整定原则与无光伏发电系统接入时一致，由电力系统统筹考虑。当110kV电力电源线路失压时，在牵引变电站内设置失压保护，并与电源线路配合躲过其重合闸时间。

2) d2点短路(牵引变压器内部及其引接线故障)

牵引变电站正常运行时，不论电源系统处于何种供电模式，牵引变压器高低压侧差动电流的绝对值为零(为方便分析不考虑误差)。当变压器内部故障时，故障电流仅由电力系统提供，其值由电力系统短路容量决定且远大于零，而与光伏发电系统无关，故牵引变压器电量方面的继电保护方案及整定原则与无光伏发电系统接入时一致，即采用原设置差动及差速断保护即可。非电量保护与电源系统无关，维持原保护方案不变。

3) d3 点短路(27.5kV 母线短路)

流经故障点的电流仅由电力系统提供，继电保护方案及整定原则与无光伏发电系统接入时一致，即设置高低压侧低电压过电流保护，其时限与 27.5kV 馈线保护及光伏电源进线保护配合，并作为其后备保护。

4) d4 点短路(光伏变压器出线侧短路)

流经故障点的电流仅由 110kV 外部电力系统提供，光伏发电系统出线侧的 204AQF、204BQF 可参照牵引变电站馈线的保护设置，设置电流速断、低压过流、距离等保护。

5) d5 点短路(光伏变压器短路)

建议参照牵引变压器保护设置方案，光伏发电侧的升压变压器设置差速断、差动、低压过流等电量保护以及瓦斯、温度等非电量保护。

6) d6 点短路(27.5kV 馈线短路)

流经故障点的电流仅由电力系统提供，各馈线设置电流速断、低压过流、距离、电流增量等保护，与光伏发电系统无关。

5.1.3 对电费计量方案的影响及应对措施

鉴于本书所研究的光伏发电系统多为分布式光伏，以装机容量为 2MVA 为例进行分析，即使光伏电源全部向电网供电，110kV 侧的反向电流最大仅为 10.5A。经调查，由于此负荷电流过小，目前尚无满足计费精度(0.2S)的 110kV 电流互感器设备。故电费计量方案宜选择在 27.5kV 侧进行设计。

图 5-4 为系统 27.5kV 计量回路图，在牵引变压器输出端口和光伏发电系统接入牵引供电系统的输入端口分别设置计量装置，即在 201A、201B、202A、202B、203A、203B 等六个回路设置计费点。每个回路配置一台双向多功能四象限电度表。其中 203A、203B 回路可计量光伏电源向牵引系统提供的总电量，201A、201B、202A、202B 的正向(牵引侧为正向，电力电源侧为反向，以下同)可计量电力电源向牵引系统的供电量，201A、201B、202A、202B 的反向可计量牵引负荷向电力系统倒送的电量。

既有牵引变电站的电流互感器 201ATA、201BTA、202ATA、202BTA 变比为 1250/1A，设置了三个线圈，参数分别为 10P20/10P20/0.5。按照上述设计的光伏装机容量，光伏电源在 27.5kV 的每相最大仅能够提供 36.4A 电流。为保证计费精度，计费用的电流互感器变比选为 50/1A 比较合适。因在 201A、201B、202A、

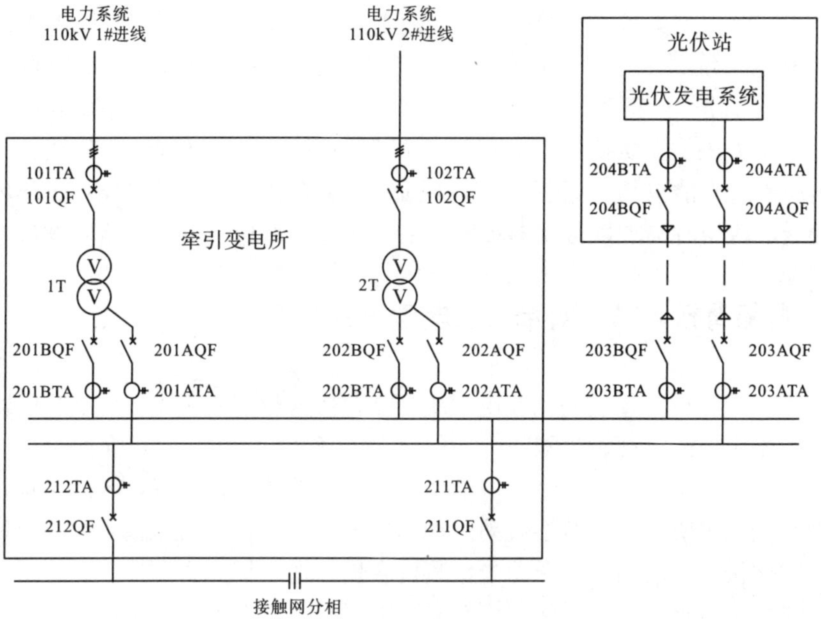

图 5-4　系统 27.5kV 计量回路图

202B 四个进线回路在不同时刻存在正向或反向电流，且两方向电流差异较大，流互变比的选择必须按照较大电流来选择，在电流差异较大的情况下，小电流方向的计费精度很难满足要求。根据该牵引变电站现场测试情况，结合对电流产品设计的调查情况，反向流互变比理论上应按 300/1A 配置。鉴于本次试点方案光伏容量较小，即使更换流互设置单独的计费线圈，计费精度也难以满足要求，计费线圈建议选用既有 27.5kV 电流互感器的 0.5 级线圈，即采用 1250/1A 的既有电流互感器的测量线圈。

此外，由于涉及不同计费点、电压互感器精度、电流互感器变比、牵引变压器损耗、再生制动工况能量倒送、上网电能质量等问题，实际工程应用中还须结合项目地实际情况与电网公司商榷达成一致意见后方能确定详细的计量方案。

5.2　项目实施过程对牵引供电质量的影响

5.2.1　三相接入方案对牵引供电质量的影响

由第 3 章分析可知，光伏发电系统三相接入方案对牵引供电质量的影响表现在：①由于光伏发电系统近乎是平均地向两臂输送电能，对于系统侧相当于三相平衡送入，光伏接入前后系统侧负序电流基本不变，即对三相电压不平衡度基本无影响；②商用型光伏逆变器引入的谐波电流对系统的谐波水平影响有限；③由于光伏发电系统无法补偿无功功率，其接入会使牵引供电系统功率因数下降，且各相变化程度与两臂牵引负荷同光伏发电系统输出功率的比值系数密切相关；④由于无法依据负荷实时工况动态调节两臂输出光伏电量，将造成在某些工况下出现光伏电能单相/三相潮流倒送现象，而目前尚无相关政策支持该环境下的电能倒送，应用时需加以必要的治理措施，如光伏限功率、装设储能设备等。

5.2.2 背靠背接入方案对牵引供电质量的影响

由第 4 章分析可知，光伏发电系统背靠背接入方案对牵引供电质量的影响表现在：①光伏电能的动态分配在一定程度上可降低电力系统侧的负序电流，实现负序补偿；②光伏的接入使牵引供电系统月平均功率因数下降，同时全年月平均功率因数呈现出明显的季节性波动，影响程度还与光伏装机规模及线路繁忙程度有关；③光伏电能的消纳情况受光伏装机容量、选址地光资源情况、牵引负荷与光伏发电系统全年出力的匹配程度等多类因素有关，在实际应用中需综合考量；④制动电能尚未得以充分利用。

5.3 本章小结

为探讨光伏发电系统接入对牵引侧既有电气结构的影响，本章以某实际牵引变电站作为研究对象展开工程分析。首先，对比分析了光伏接入前后对电气一次侧总体设计的影响，包括主接线及运行方式的影响、新增设备及接地/回流方案的改进等；然后，对电气二次侧可能造成的影响，包括对继电保护方案、自动装置及电费计量方案等进行了分析，基于此提出了电费计量方案的建议，指出针对中小容量光伏发电系统宜采用 27.5kV 侧的计费方案；最后，结合前期研究基础，分析了项目实施过程中不同接入方案对牵引供电质量的影响，指出既有方案虽能实现光伏发电系统的有效接入，但运行过程中还存在电能质量无法有效改善、变流器容量利用率低、能源综合利用率不高等适应性问题，亟须探讨相应的优化治理方案进一步保证系统安全、稳定、高效运行。

第6章　优化治理方案研究

由第 3 章和第 4 章系统适应性分析可知，光伏发电系统在运行过程中仍存在如下问题有待完善：①光伏接入仍会受无功等因素制约，既有方案尚无法兼具改善牵引供电系统的电能质量(无功、负序)；②从长期运行角度看，既有方案虽实现了光伏电能的有效消纳，但变流器容量利用率普遍不高；③交流传动型机车具备双向能源特性，制动过程将产生兆瓦级再生制动能量且存在威胁系统安全运行的风险，既有研究方案尚未对该部分能量进行充分利用及适当处理等。为此，本章基于适应性更强的背靠背接入方案，针对上述光伏发电系统接入过程中可能面临的技术难题，着重探讨两种可行的治理对策：①考虑电能质量综合补偿的复合优化控制方案；②储能系统在光伏发电系统中的应用方案。相关研究结果能够优化光伏发电系统运行状态，并进一步保证系统安全、稳定、高效运行。

6.1　考虑电能质量综合补偿的复合优化控制策略

6.1.1　综合补偿机理及控制系统结构

基于第 4 章光伏发电系统背靠背接入方案，为改善牵引供电系统电能质量，考虑融合电能质量调节思想[72,73]，利用背靠背变流器四象限运行能力：一方面通过输出无功电流进行一定的无功补偿，以提高系统功率因数；另一方面依据两臂牵引负荷实时运行工况进行有功电流补偿，进一步降低负序电流，减小三相电压不平衡度；特别地，当某一电臂处于制动工况时，通过控制制动能量有效转移及能量直接二次利用，达到提高能源综合利用率的作用。因此，通过采用适当的优化控制方法即可实现对系统电能质量(无功、负序、再生制动能量)的部分综合补偿。

优化后的背靠背光伏发电系统控制部分主要包括系统主控制器、α 相/β 相变流器控制器以及光伏能量控制器。系统主控制器首先依据检测到的两臂牵引负荷实时电压、电流数据($\boldsymbol{U}_{\alpha}$、$\boldsymbol{U}_{\beta}$、$\boldsymbol{I}_{\alpha l}$、$\boldsymbol{I}_{\beta l}$)，光伏单元实时电压、电流($\boldsymbol{U}_{PV}$、$\boldsymbol{I}_{PV}$)进行能量分配，计算出光伏发电系统的目标总出力值 P_{Pvout}，未利用电量 P_{abd}，牵引

负荷功率 $\boldsymbol{S}_{\alpha}$、$\boldsymbol{S}_{\beta}$(详细过程参见 6.1.2 节)；其次，利用多目标优化模型，计算出 α 相、β 相变流器的补偿功率参考值 $\boldsymbol{S}_{\alpha c}$、$\boldsymbol{S}_{\beta c}$，再利用补偿电流计算公式，求出两变流器补偿电流参考值 $\boldsymbol{I}'_{\alpha c}$、$\boldsymbol{I}'_{\beta c}$ (详细过程参见 6.1.3 节)；再次，光伏能量控制器依据目标总出力值 P_{PVout} 进行 MPPT 控制，对未利用电量 P_{abd} 进行回收处置，实现光伏单元的能量平衡(详细过程参见 2.1.3 节)；最后，α 相/β 相变流器控制器根据补偿电流参考值，协调控制背靠背变流器与两供电臂之间进行有功、无功传递及转移，实现电能质量的综合补偿并保证较高能源综合利用效率。

进一步，同 4.1.3 节 α 相/β 相变流器控制器仍采用电压、电流双闭环控制方法，为保证两台变流器正常工作，直流侧电压 U_{dc} 由 α 相/β 相变流器协同控制，以实现直流侧电压的建立与稳定，经 PI 调节后分别与两臂电压 $\boldsymbol{U}_{\alpha}$、$\boldsymbol{U}_{\beta}$ 的同步信号相乘，得到有功电流分量，所不同的是在此基础上，还需再分别叠加 α 相、β 相补偿电流参考值 $\boldsymbol{I}'_{\alpha c}$、$\boldsymbol{I}'_{\beta c}$，得到两变流器的实际参考值 $\boldsymbol{I}^{*}_{\alpha c}$、$\boldsymbol{I}^{*}_{\beta c}$，变流器仍采用电流滞环比较控制法[73,74]，以保证两变流器具备较快的动态响应速度。

6.1.2 光伏发电系统综合能量分配策略

为计算光伏发电系统的目标出力值，考虑再生制动能量转移情况(即 $P(k)\geqslant 0$ 包含三种工况：① $P_{\alpha}(k)\geqslant 0$，$P_{\beta}(k)\geqslant 0$；② $P_{\alpha}(k)\leqslant 0$，$P_{\beta}(k)\geqslant 0$，且 $P_{\alpha}(k)+P_{\beta}(k)\geqslant 0$；③ $P_{\alpha}(k)\geqslant 0$，$P_{\beta}(k)\leqslant 0$，且 $P_{\alpha}(k)+P_{\beta}(k)\geqslant 0$)，给出光伏发电系统能量分配控制流程如图 6-1 所示，主要步骤如下。

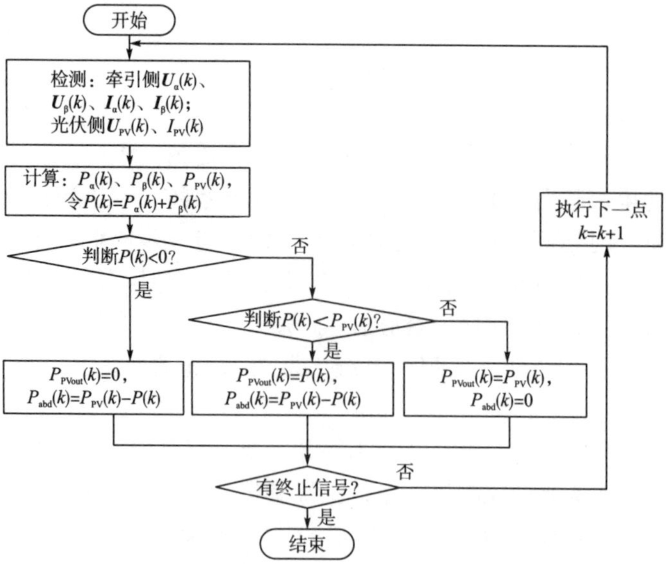

图 6-1 光伏发电系统综合能量分配控制流程

(1) 实时检测牵引侧两供电臂输出电压 $\boldsymbol{U}_\alpha(k)$、$\boldsymbol{U}_\beta(k)$，电流 $\boldsymbol{I}_\alpha(k)$、$\boldsymbol{I}_\beta(k)$；光伏侧组件输出电压、电流数据 $U_{PV}(k)$、$I_{PV}(k)$。

(2) 计算牵引侧负荷有功功率 $P_\alpha(k)$、$P_\beta(k)$（考虑制动能量转移情况，$P(k)=P_\alpha(k)+P_\beta(k)$）、光伏侧实时输出功率 $P_{PV}(k)$。

(3) 判断 $P(k)<0$ 是否成立，若是，则光伏发电系统输出功率 $P_{PVout}(k)=0$，未利用电量 $P_{abd}(k)=P_{PV}(k)-P(k)$；若否，则进入步骤(4)。

(4) 判断 $P(k)<P_{PV}(k)$ 是否成立，若是，则 $P_{PVout}(k)=P(k)$，$P_{abd}(k)=P_{PV}(k)-P(k)$；若否，则 $P_{PVout}(k)=P_{PV}(k)$，$P_{abd}(k)=0$。

(5) 判断是否达到结束条件，若是，则结束运行，反之跳转至步骤(1)。

6.1.3　背靠背变流器优化补偿数学模型

背靠背变流器优化补偿的目的在于实现光伏电能有效消纳的同时，对牵引供电系统电能质量进行综合补偿。具体来说，通过分析电能质量指标参数与变流器补偿功率 $\boldsymbol{S}_{\alpha c}$、$\boldsymbol{S}_{\beta c}$ 之间的关系，建立背靠背变流器优化补偿数学模型，获取变流器最优补偿功率；利用补偿电流计算公式，求出两变流器补偿电流参考值 $\boldsymbol{I}'_{\alpha c}$、$\boldsymbol{I}'_{\beta c}$。

1. 功率因数

由 4.4.2 节可知牵引供电系统的无功功率可通过功率因数反映，在不计变压器损耗的情况下，牵引供电系统瞬时功率因数为

$$\mathrm{PF}=\frac{P_\alpha+P_\beta}{\sqrt{(P_\alpha+P_\beta)^2+(Q_\alpha+Q_\beta)^2}} \tag{6-1}$$

式中，Q_α、Q_β 分别为 α 相、β 相的无功功率。

在考虑电能质量综合补偿的复合优化控制策略下，背靠背光伏发电系统接入后，牵引供电系统瞬时功率因数变为

$$\mathrm{PF}'=\frac{P_\alpha+P_\beta+P_{\alpha c}+P_{\beta c}}{\sqrt{(P_\alpha+P_\beta+P_{\alpha c}+P_{\beta c})^2+(Q_\alpha+Q_\beta+Q_{\alpha c}+Q_{\beta c})^2}} \tag{6-2}$$

式中，$Q_{\alpha c}$、$Q_{\beta c}$ 分别为 α 相、β 相变流器输出的无功功率。结合图 4-1 规定的电压电流正方向可知，正值的功率流向为由变流器流向供电臂，负值的功率流向为由供电臂流入变流器。

2. 电压不平衡度

由 4.4.1 节可知电力部门通常以牵引供电系统在公共连接点(point of common coupling，PCC)引起的三相电压不平衡度 ε_u 考核其负序影响程度，而 ε_u 与系统负序电流值 $I^{(-)}$ 直接相关，为

$$\varepsilon_u = \frac{\sqrt{3}U_1\left|I^{(-)}\right|}{S_\mathrm{d}} \times 100\% \tag{6-3}$$

式中，U_1为三相电网侧额定线电压；S_d为电源短路容量。

以A相为基准，根据对称分量法，背靠背混合储能系统接入前，电力系统侧负序电流为

$$\boldsymbol{I}^{(-)} = \frac{1}{3K}\left[(1-a)\left(\frac{\boldsymbol{S}_\alpha}{\boldsymbol{U}_\alpha}\right)^* + (a^2-1)\left(\frac{\boldsymbol{S}_\beta}{\boldsymbol{U}_\beta}\right)^*\right] \tag{6-4}$$

式中，a为单位向量算子。

在考虑电能质量综合补偿的复合优化控制策略下，背靠背光伏发电系统接入后，电力系统侧负序电流变为

$$\boldsymbol{I}'^{(-)} = \frac{1}{3K}\left[(1-a)\left(\frac{\boldsymbol{S}_\alpha + \boldsymbol{S}_{\alpha\mathrm{c}}}{\boldsymbol{U}_\alpha}\right)^* + (a^2-1)\left(\frac{\boldsymbol{S}_\beta + \boldsymbol{S}_{\beta\mathrm{c}}}{\boldsymbol{U}_\beta}\right)^*\right] \tag{6-5}$$

3. 优化补偿模型

背靠背光伏发电系统的优化目标为使PF′尽量大，$|I'^{(-)}|$尽量小，为避免数量级对优化结果的影响，以$\varepsilon_{u_\max}$=2%时对应的负序电流$\left|I^{(-)}{}_{\max}\right|$，对$|I'^{(-)}|$进行标准化处理，则优化目标函数可转化为

$$\min f = \min\left(\frac{1}{\mathrm{PF}'} + \frac{\left|\boldsymbol{I}'^{(-)}\right|}{\left|\boldsymbol{I}^{(-)}_{\max}\right|}\right) \tag{6-6}$$

其中，约束条件满足：

(1)有功功率约束。由于光伏单元只提供有功功率，考虑系统功率守恒，α相、β相变流器输出有功功率应满足

$$P_{\alpha\mathrm{c}} + P_{\beta\mathrm{c}} = P_{\mathrm{PVout}} + P_{\mathrm{abd}} \tag{6-7}$$

(2)α相、β相变流器容量约束：

$$\begin{cases}\sqrt{P_{\alpha\mathrm{c}}^2 + Q_{\alpha\mathrm{c}}^2} \leqslant \boldsymbol{S}_{\alpha\mathrm{c}\_\max} \\ \sqrt{P_{\beta\mathrm{c}}^2 + Q_{\beta\mathrm{c}}^2} \leqslant \boldsymbol{S}_{\beta\mathrm{c}\_\max}\end{cases} \tag{6-8}$$

式中，$\boldsymbol{S}_{\alpha\mathrm{c}\_\max}$、$\boldsymbol{S}_{\beta\mathrm{c}_\max}$分别为α相、β相变流器最大容量。

式(6-6)～式(6-8)构成了以$P_{\alpha\mathrm{c}}$、$Q_{\alpha\mathrm{c}}$、$P_{\beta\mathrm{c}}$、$Q_{\beta\mathrm{c}}$为决策变量的优化数学模型；再利用枚举法[48]求取α相、β相变流器的最优补偿功率参考值$\boldsymbol{S}_{\alpha\mathrm{c}}$、$\boldsymbol{S}_{\beta\mathrm{c}}$；最后利用补偿电流计算式(6-9)，即可求出两变流器补偿电流参考值。

$$\begin{cases}\boldsymbol{I}'_{\alpha\mathrm{c}} = (\boldsymbol{S}_{\alpha\mathrm{c}} / \boldsymbol{U}_{\alpha\mathrm{c}})^* \\ \boldsymbol{I}'_{\beta\mathrm{c}} = (\boldsymbol{S}_{\beta\mathrm{c}} / \boldsymbol{U}_{\beta\mathrm{c}})^*\end{cases} \tag{6-9}$$

6.1.4 仿真验证与分析

为验证上述考虑电能质量综合补偿的复合优化控制方法的正确性，便于对比分析，仍设定光伏发电系统装机容量 1MWp，选用如图 4-8(a)所示两臂某 20min 段实测负荷数据进行波形复现，取图 4-8(b)对应时间段的温度及辐照度数据作为外部变量，用以模拟外界气象条件的动态变化。在上述完全相同的测试条件下，针对光伏发电系统接入前、接入+无优化、接入+优化控制，三种不同系统方案下的 220kV 系统侧负序电流、功率因数变化情况进行对比分析，如图 6-2 所示，对应的数据统计情况如表 6-1 所示。

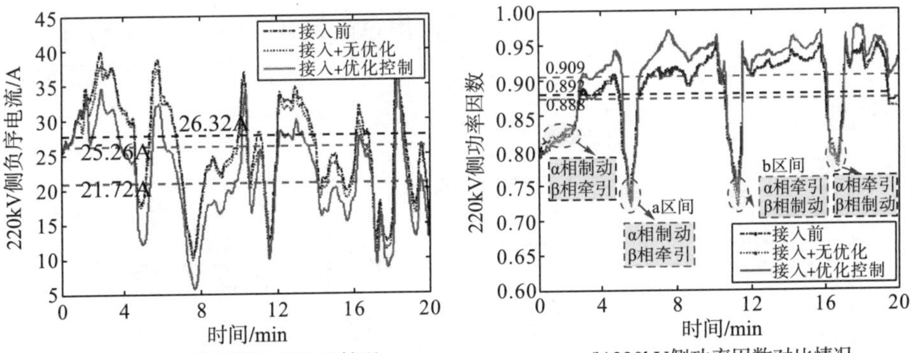

(a)220kV侧负序电流对比情况 (b)220kV侧功率因数对比情况

图 6-2 优化控制策略仿真验证

扫一扫 看彩图

表 6-1 优化控制策略仿真验证数据统计

系统方案	功率因数 PF 波动范围		功率因数均值 PF_{avg}	负序电流 I_2 波动范围		最大下降幅度 ΔI_{2max} / A	负序电流均值 I_{2avg}/A
	PF_{min}	PF_{max}		I_{2min}/A	I_{2max}/A		
接入前	0.735	0.954	0.892	10.43	43.57	—	26.32
接入+无优化	0.719	0.953	0.888	9.83	42.69	2.85	25.26
接入+优化控制	0.719	0.977	0.909	5.63	38.99	6.79	21.72

由图 6-2(a)中 220kV 侧负序电流对比情况易知，各类工况下负序电流幅值均呈现：接入+优化控制方案<接入+无优化方案<接入前方案。结合表 6-1 具体数据可知，接入前系统负序电流均值 I_{2avg} 为 26.32A；接入+无优化时，I_{2avg} 降为 25.26A，瞬时最大下降幅度为 2.85A；加入复合优化控制策略后，I_{2avg} 降至 21.72A，瞬时

最大下降幅度可达 6.79A；同时结合仿真范围内 I_2 的有效波动范围可知，所提优化控制策略能够有效实现系统负序补偿。

由图 6-2(b)中 220kV 侧功率因数对比情况易知，在接入+无优化方案下，由于光伏发电系统仅提供有功功率，无法进行一定的无功功率补偿，故此方案下系统侧功率因数较未接入时有所降低，与 4.4.2 节中无功问题理论分析相符；而加入复合优化控制策略后，系统侧整体功率因数明显较光伏接入前上升。结合表 6-1 具体数据可知，接入前系统平均功率因数 PF_{avg} 为 0.892，接入后且无优化时 PF_{avg} 降至 0.888，加入复合优化控制策略后 PF_{avg} 增加至 0.909，整体上升幅度达 0.017，补偿后达到国家标准要求，故所提优化控制策略能够有效改善系统侧功率因数。

特别地，在图 6-2(b)中存在四个特殊区间，在此区间优化控制策略下的无功补偿效果并不明显，且出现了优化后的瞬时功率因数略低于光伏接入前的现象，结合图 4-8(a)负荷分布情况易知，这类区间均存在于单臂制动、单臂牵引工况。选取图示 a、b 区间进行典型工况分析，则对应优化前后背靠背变流器功率流分配情况如图 6-3 所示。

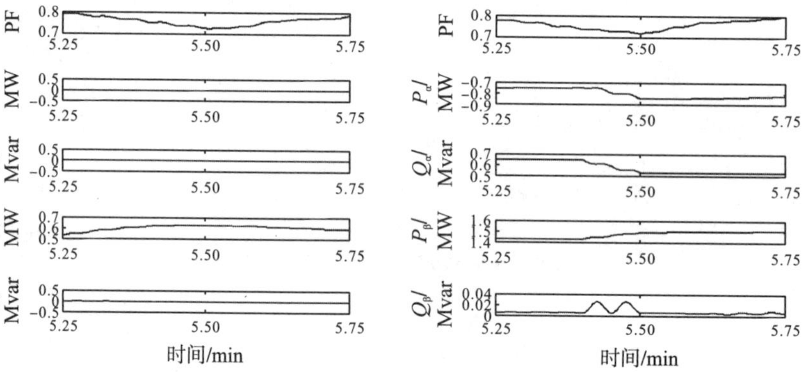

(a)a区间接入+无优化控制下的变流器功率分配 (b) a区间接入+优化控制下的变流器功率分配

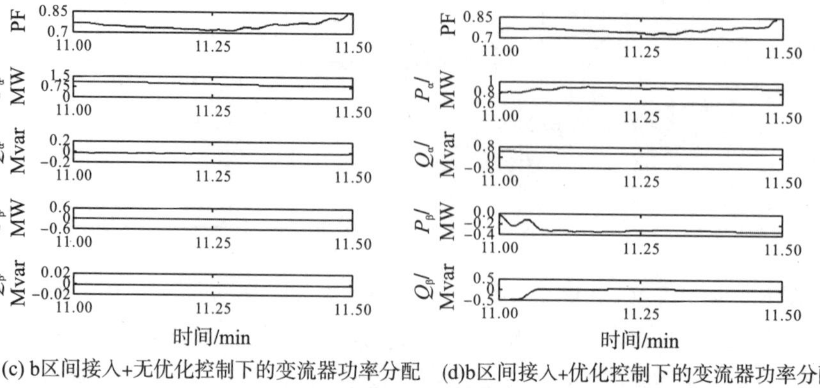

(c) b区间接入+无优化控制下的变流器功率分配 (d)b区间接入+优化控制下的变流器功率分配

图 6-3 背靠背变流器功率流分配情况(局部放大图)

对于 a 区间(α 臂制动、β 臂牵引工况)，加入优化控制策略前后的背靠背变流器功率流分配情况如图 6-3(a)和(b)所示，易知无优化时光伏发电系统受能量动态分配策略控制，在该区间内 α 相变流器处于待机状态，不再向 α 臂输送有功功率，β 相变流器正常对外输出有功功率且 P_β<1MW，同时此控制策略下的光伏发电系统不具备无功功率补偿功能，对应地图中 Q_α、Q_β 近似为零，即 α、β 相变流器基本不对外输出无功功率；对比加入优化控制策略后，α 相变流器输出负向有功功率，β 相变流器对外输出有功功率 P_β>1MW，即 α 臂的部分制动能量通过背靠背变流器转移至 β 臂，对电力系统而言，相当于减小了两臂的负荷不平衡度，即再次验证了负序补偿的有效性；此外，观测 Q_α、Q_β 的变化情况可知，两变流器均对外进行了不同程度的无功功率补偿；结合式(4-8)和式(4-9)分析可知，由于制动电能出现了转移，且直接在牵引相进行了二次消耗，对于电力系统侧相当于进一步减少了有功功率输出，变流器虽同时进行了无功补偿，但受限于变流器补偿容量，一旦有功功率下降程度大于无功功率补偿程度，即会出现瞬时功率因数无法有效改善的情况。同理由图 6-3(c)和(d)中的功率流分配情况，可对应分析 b 区间(α 臂牵引、β 臂制动工况)，此处不再赘述。

综上可知，所提考虑电能质量综合补偿的复合优化控制策略能够有效降低系统侧负序电流，提高平均功率因数，达到改善原始牵引供电系统电能质量的目的，同时通过将制动能量进行有效转移，可直接进行能量的二次利用，有利于提高能源的综合利用效率及变流器容量利用率，也验证了所提控制策略的正确性及有效性。

6.2　储能系统的应用方案

6.2.1　锂电池及其应用形式

前文的分析均是在不考虑储能系统(energy storage system，ESS)的情况下进行的，无论如何改进，仍需要在必要的时刻对背靠背光伏发电系统限制输出功率，究其缘因，是牵引负荷的波动性以及光伏输出功率的波动性之间的矛盾。为了进一步提高光伏发电系统电能利用率，为背靠背光伏发电系统加入一定的储能系统是一种合理的改进措施。储能系统的作用在于：当牵引侧轻载时，牵引负荷无法完全消耗光伏功率，若此时储能系统未过充，则由其吸收多余的光伏功率；当牵引侧重载时，若此时储能系统未过放，则由其在保证不出现倒送有功功率的前提下进行适当的放电。

电化学储能是一种常见的储能形式，具有能量密度高、响应速度快、维护成本低、灵活方便的优点，特别适用于中小规模储能以及新能源发电领域，成为储能技术的主要发展方向[75]。由于材料科学的进步，锂电池逐渐成为电化学储能中发展最为迅速的储能介质，本书也选用锂电池作为背靠背光伏发电系统中的储能介质。相比其他类型的电化学储能介质，锂电池的优势在于：能量密度大、工作温度范围宽；充放电效率高、自放电率低；允许的充放电倍率高，且能够持续工作在高充放电倍率下[76]。

加入锂电池储能的背靠背光伏发电系统(以下称为背靠背光伏储能系统)示意图如图 6-4 所示，其中储能系统与直流母线之间通过双向 DC/DC 变换器相连，双向 DC/DC 变换器的作用是控制储能系统能以给定的充放电功率进行充放电动作。

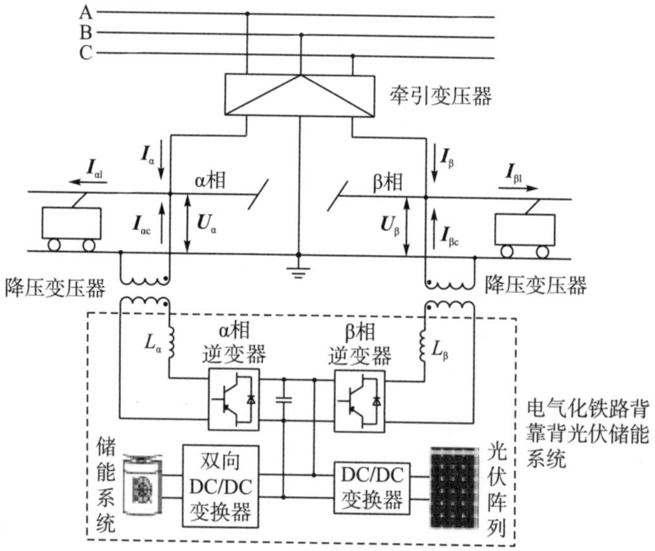

图 6-4 电气化铁路背靠背光伏储能系统示意图

6.2.2 储能系统特性

在建立含储能系统的控制策略时，储能系统的以下三个特性需要被充分考虑。

1. 储能系统的荷电状态

储能系统的荷电状态(state of charge，SOC)是指储能系统当前所剩余的电量与其额定容量(单位为 Wh，下同)的比值，取值范围为 0～1。当 SOC=0 时，表示储能系统为完全放电状态；当 SOC=1 时，表示储能系统为充电完全状态。

在控制储能系统运行时，SOC 是必须考虑的一个因素[77]。在制定有关储能系统的控制策略时，通常需要设定 SOC 的下限值 SOC_{min} 和上限值 SOC_{max}，即任意时刻储能系统的荷电状态 SOC(*t*) 需满足：

$$SOC_{min} \leqslant SOC(t) \leqslant SOC_{max} \tag{6-10}$$

为 SOC 设定上下限的原因是，无论是储能系统的过放还是过充都会对其健康造成损害，进而影响其寿命。此外，储能系统的放电深度(depth of discharge，DOD)是指储能系统使用过程中能够放出的最大电量与其额定容量的比值，即

$$DOD^{①}=SOC_{max}-SOC_{min} \tag{6-11}$$

而储能系统的 DOD 直接影响其循环寿命，因此储能系统 SOC 的上下限需要结合各方面因素综合考虑选取。

2. 储能系统的充放电特性

在储能系统工作过程中，希望其按照给定的充放电功率来吸收或输出对应的功率。定义储能系统放电为正、充电为负，则充放电过程引起的 SOC 变化可以描述为

$$SOC_1=SOC_0-\frac{\int_0^t P_{ES}(t)dt}{Cap_{ES}} \tag{6-12}$$

式中，SOC_0 和 SOC_1 分别表示始末的 SOC；$P_{ES}(t)$ 表示储能系统的给定充放电功率；Cap_{ES} 表示储能系统的额定容量。

然而，储能系统的充放电过程并非是理想的，考虑到储能介质自身的效率以及变流器效率，储能系统的充放电过程需要考虑充放电效率的问题。令 η_d 表示储能系统的放电效率，η_c 表示储能系统的充电效率，考虑到计算所用数据的离散性，将式(6-12)改写为

$$SOC(t+1)=\begin{cases} SOC(t)-\dfrac{P_{ES}(t)\Delta t}{Cap_{ES}\eta_d}, & P_{ES}(t)\geqslant 0 \\ SOC(t)-\dfrac{P_{ES}(t)\Delta t\eta_c}{Cap_{ES}}, & P_{ES}(t)<0 \end{cases} \tag{6-13}$$

式中，SOC(t) 和 SOC$(t+1)$ 分别表示当前时刻和下一时刻的 SOC；Δt 为采样间隔。

3. 储能系统的最大充放电功率

充放电倍率是指储能系统的充放电功率与其额定容量的比值，为了保证储能系统的安全性，在制定有关储能系统的控制策略时，还需要规定最大充放电倍率，从而也限制了储能系统的最大充放电功率。

令 R_d 表示储能系统的最大放电倍率，R_c 表示储能系统的最大充电倍率，则任意时刻储能系统的充放电功率 $P_{ES}(t)$ 需满足：

$$-Cap_{ES}R_c\leqslant P_{ES}(t)\leqslant Cap_{ES}R_d \tag{6-14}$$

① 设储能容量为 E，储能系统在使用过程中能够放出的最大电量为$(SOC_{max}-SOC_{min})E$，则 $DOD=(SOC_{max}-SOC_{min})\cdot E/E=SOC_{max}-SOC_{min}$。

6.2.3 含储能系统的控制策略

在加入储能系统后，$P_{\alpha l}+P_{\beta l}=P_{PV}$ 是牵引负荷能够完全消耗光伏功率的临界条件，因此需要根据 $P_{\alpha l}+P_{\beta l}$ 和 P_{PV} 的大小关系来确定储能系统的充放电动作。定义 P_{cmax} 和 P_{dmax} 分别表示储能系统的最大充电、放电功率，两者均为正值。

当 $P_{\alpha l}+P_{\beta l}$ 比 P_{PV} 大时，储能系统可以放电，但如果此时储能系统的 SOC 小于等于其下限值，则不放电。进一步，如果 $P_{\alpha l}+P_{\beta l}$ 比 $P_{PV}+P_{dmax}$ 还要大，说明即使储能系统以最大放电功率放电，牵引负荷也足以完全消耗光伏发电系统、储能系统两者的功率之和，此时储能系统以 P_{dmax} 放电；反之，如果 $P_{\alpha l}+P_{\beta l}$ 介于 P_{PV} 和 $P_{PV}+P_{dmax}$ 之间，若储能系统仍以 P_{dmax} 放电，则会出现部分有功功率倒送的情况，因此此时储能系统以 $P_{\alpha l}+P_{\beta l}-P_{PV}$ 的功率尽可能以大功率放电。

当 $P_{\alpha l}+P_{\beta l}$ 比 P_{PV} 小时，需要储能系统充电，但如果此时储能系统的 SOC 大于等于其上限值，则不充电，同时为了避免有功功率倒送，需要限制光伏阵列的功率为 $P_{\alpha l}+P_{\beta l}$。进一步，如果 $P_{\alpha l}+P_{\beta l}$ 比 $P_{PV}-P_{cmax}$ 还要小，说明即使储能系统以最大充电功率充电，也无法完全吸收牵引负荷无法消耗的那部分光伏电能，此时储能系统以 P_{cmax} 充电，仍需要进行限功率运行，限功率值为 $P_{\alpha l}+P_{\beta l}+P_{cmax}$；反之，如果 $P_{\alpha l}+P_{\beta l}$ 介于 $P_{PV}-P_{cmax}$ 和 P_{PV} 之间，说明牵引负荷无法消耗的那部分光伏电能可以完全由储能系统吸收，此时储能系统以 $P_{PV}-P_{\alpha l}-P_{\beta l}$ 充电，不需要限功率运行。图 6-5 为上述含储能系统的控制策略框图。

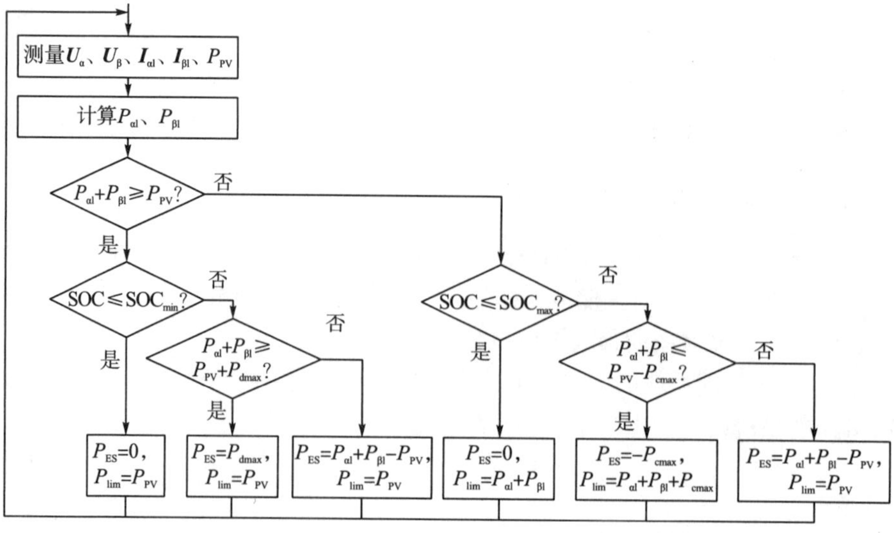

图 6-5 含储能系统的控制策略流程图

在第 4 章的基础上，在背靠背光伏发电系统的仿真模型中加入储能系统，以储能系统额定容量为 100kWh、最大充放电倍率为 1、初始荷电状态为 50%为例，假设光伏阵列工作于标准测试工况下，由于背靠背光伏发电系统的限功率运行出现在牵引负荷相对较轻时，给定两臂的牵引负荷如图 6-6 所示。

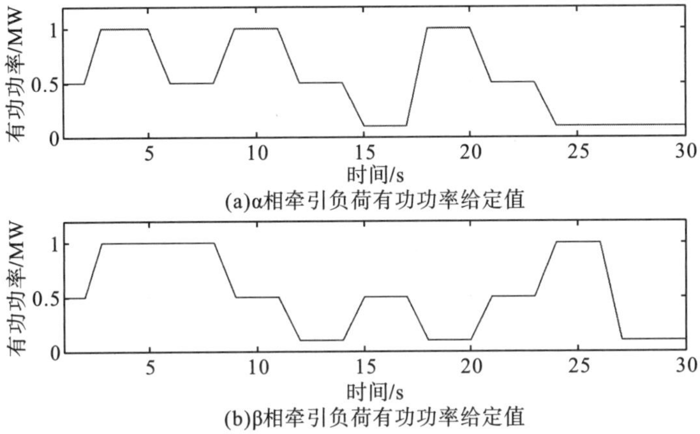

图 6-6 牵引负荷给定值

对背靠背光伏储能系统进行仿真分析，图 6-7 为加入储能系统前后限功率值的变化，图 6-8 为仿真过程中计算所得的储能系统给定功率及其荷电状态的变化趋势，图 6-9 为加入储能系统前后系统侧 A、B、C 三相的等效有功功率。

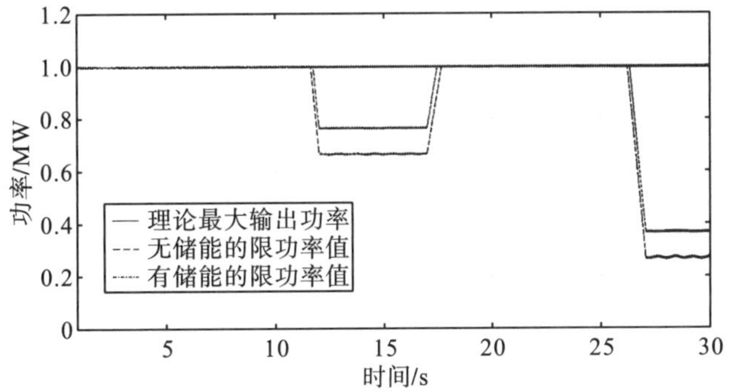

图 6-7 加入储能系统前后的限功率值

从图 6-7 中可以看到，因为储能系统能够在需要限功率运行时吸收一部分不可利用的光伏功率，因此储能系统的加入进一步提高了限功率值，根据测量，此时总发电量从 24.6kWh 提高到 25.5kWh。如图 6-8 所示的结果显示控制策略能够根据工况动态地计算得到储能系统的充放电功率，从而对储能系统进行充放电控制，不同工况下储能系统的充放电动作可维持荷电状态的动态平衡。从图 6-9 中可以看到，相比无储能系统，加入储能系统后系统侧三相有功功率的变化集中在牵引负荷较大时，此时由于牵引负荷能够消耗的光伏功率较大，储能系统进行适当的放电，因此整个牵引供电系统表现为一个更小的负荷；而在牵引负荷较小时，储能系统进行充电，对三相有功功率不产生影响。

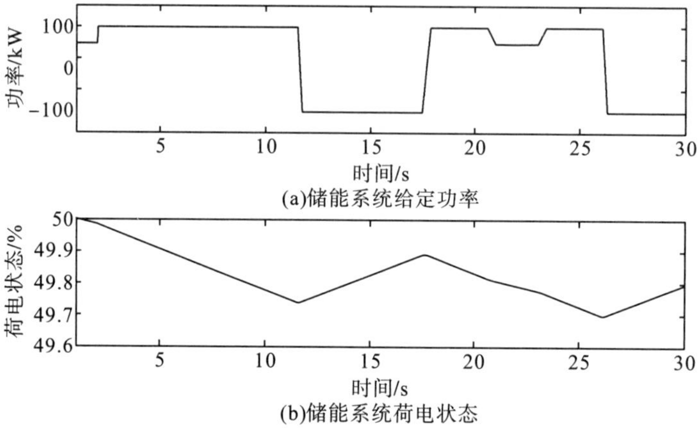

图 6-8 储能系统给定功率及其荷电状态变化趋势

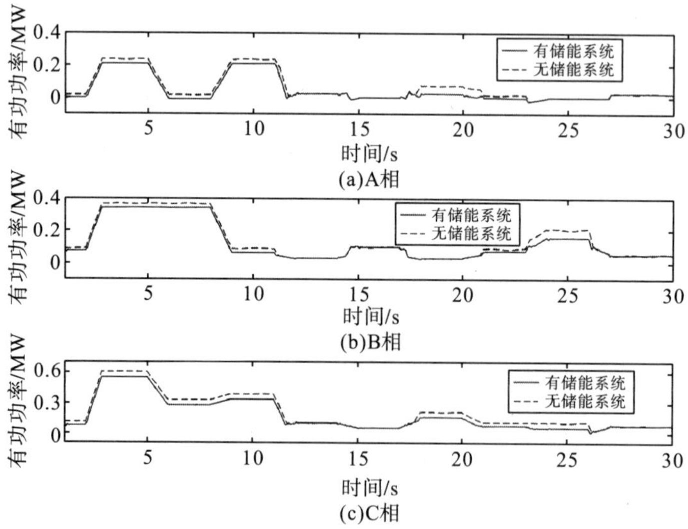

图 6-9 加入储能系统前后系统侧三相有功功率变化

6.2.4　含储能系统的光伏电能利用率

在背靠背光伏储能系统中，储能系统起到了类似“削峰填谷”的作用，显然这样能够更进一步提高光伏电能利用率 R_{use}。在与前文相同的假设条件下，设光伏装机容量为 1MWp、储能系统的额定容量为 100kWh、最大充放电倍率为 1、初始荷电状态为 50%、荷电状态的上下限分别为 90%和 10%，并忽略充放电效率的影响，图 6-10 为增加储能系统对光伏电能利用率的改善效果。

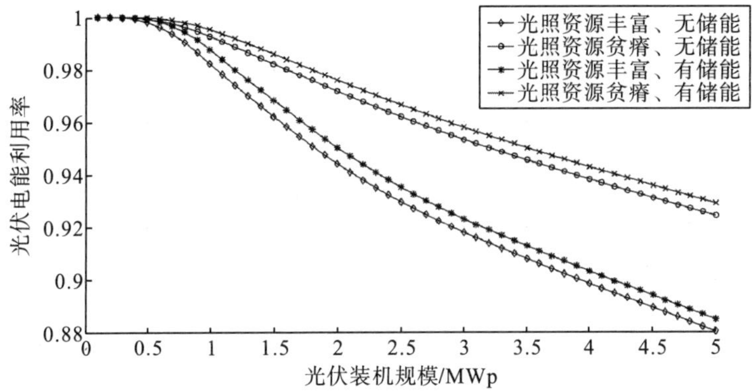

图 6-10　100kWh 储能时的光伏电能利用率估算结果

由图 6-10 的结果可知，增加储能系统可提升光伏电能利用率，但提升的幅度不大，这是因为相比光伏装机容量，储能系统的容量及最大充电功率都较小，无法充分吸收不可利用的光伏功率。但值得注意的是，由于光伏发电系统的年发电量巨大，即使光伏电能利用率轻微提升，也意味着牵引负荷能够多利用大小可观的光伏电能。

进一步，在与前文相同的假设条件下，设光伏装机容量的上限值设置为 5MWp，储能系统的额定容量在 0～500kWh 内变化，最大充放电倍率为 1、初始荷电状态为 50%、荷电状态的上下限分别为 90%和 10%，图 6-11 和图 6-12 分别为两类地区下不同光伏、储能配置组合的光伏电能利用率。

由图 6-11 和图 6-12 可得以下结论：

(1) 加入储能系统能够提高光伏电能利用率，提高的幅度与光伏装机容量、储能系统容量以及地区光照资源均有关；

(2) 同等光伏装机容量下，储能系统的容量更大；

(3) 同等储能系统容量下，光伏装机容量越小，光伏电能利用率越高，对于较小规模的光伏发电系统，储能系统能够将其光伏电能利用率提高至 1，但这样的做法未必经济。

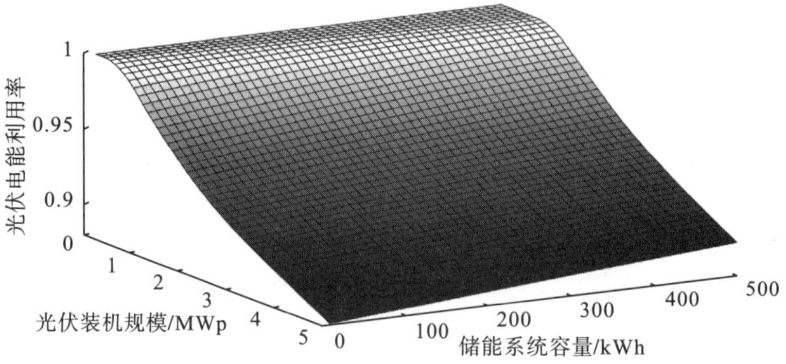

图 6-11 光照资源丰富地区光伏电能利用率估算结果

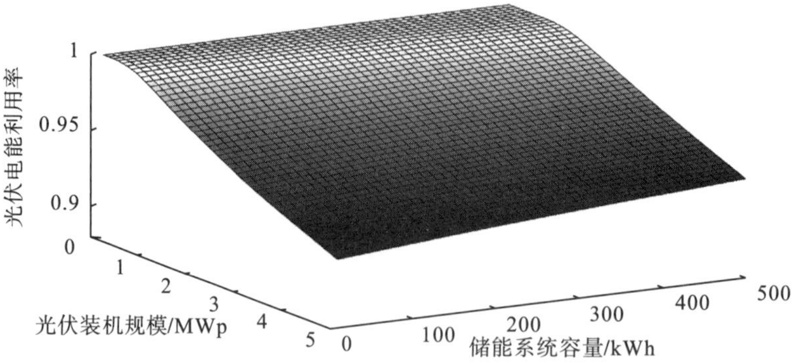

图 6-12 光照资源贫瘠地区光伏电能利用率估算结果

需要注意的是，虽然储能系统能够明显地提高牵引负荷对光伏电能的利用效率，但目前储能装置的价格仍较为昂贵，尚不能确定增加储能系统或提高储能系统的容量能否真正地提高背靠背光伏发电系统的经济性。需不需要、如何配置储能系统来使得背靠背光伏发电系统的经济性达到最优将在第 7 章中进行进一步讨论。

6.3 本 章 小 结

为应对光伏接入过程中可能遇到电能质量无法有效改善、设备容量利用率低、再生制动能量未得以充分利用及适当处理等难题，本章围绕其治理对策，给出了两种可行的解决方案：①提出了一种考虑电能质量综合补偿的复合优化控制方法，首先基于背靠背变流器四象限运行能力，考虑融合电能质量调节思想，对电能质量综合补偿机理进行了分析；然后给出了控制系统结构，逐一建立了光伏发电系统综合能量分配策略，含电能质量指标参数约束的背靠背变流器优化补偿数学模型，联合第 2 章，共同构成该系统的复合优化控制方法；最后通过不同场景下的现场实测数据，从功率流分配、电能质量改善效果等方面进行了仿真验证及分析。结果表明，所提复合优化控制方法能够有效降低系统侧负序电流，提高平均功率因数，达到改善原始牵引供电系统电能质量的目的；此外，通过控制制动能量进行有效转移，可直接进行能量的二次利用，有利于提高能源的综合利用效率及设备容量利用率。②分析了在光伏发电系统中加入储能的应用方案，首先给出并分析了电气化铁路背靠背光伏储能系统结构及运行特性；然后考虑了储能系统的三个重要特性参数，并建立了含储能的系统协调控制策略；接着对比分析验证了光伏储能系统的有效性，指出增加储能系统能够明显提高牵引负荷对光伏发电系统电能的利用效率，但鉴于储能投资成本较高，实际应用中还需结合经济性进行折中考虑。

第 7 章 光伏储能系统的经济性评估

在 6.2 节的基础上，为进一步评估背靠背光伏储能系统的经济性，本章首先建立背靠背光伏储能系统的经济性模型，充分考虑效率、成本、收益、衰减、残值等因素；其次考虑到资金的时间属性，在对背靠背光伏储能系统的收益进行逐年计算后再利用净现值法进行折算，并确定投资回收期和效益成本比为经济性指标；最后对不同地区、系统参数、成本参数、收益参数、配置方案下的经济性进行计算。相关研究成果能够为实际工程应用中优化配置光伏/储能单元容量提供技术参考。

7.1 光伏储能系统的经济性模型

7.1.1 光伏储能系统的效率

前文中的计算均假设效率为 1，为了更准确地计算背靠背光伏储能系统的经济性，有必要对系统能量流动与效率问题进行更详细的描述。图 7-1 为背靠背光伏储能系统中的能量流动方向以及系统内的各部分效率的示意图。

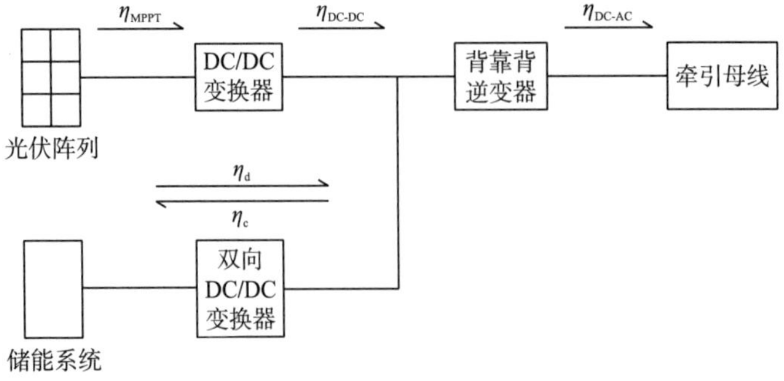

图 7-1 背靠背光伏储能系统能量流动及效率示意图

图 7-1 中，η_{MPPT} 为在进行 MPPT 时的平均效率，基于扰动观察法的 MPPT 在各种工况下的平均效率约为 97%；$\eta_{DC\text{-}DC}$ 为 DC/DC 变换器的平均效率，其最高值

在 97%左右；$\eta_{\text{DC-AC}}$ 为背靠背逆变器的平均效率，参考目前量产的光伏逆变器转换效率，其值在 97%以上；η_{c}、η_{d} 为考虑锂电池自身效率以及双向 DC/DC 变换器效率的储能系统充电、放电平均效率，其值约为 90%。

在确定以上各效率之后，就可得到各种能量流动情况时的效率：

(1) 光伏储能系统输出功率中直接向牵引供电系统输出的那部分的效率为 $\eta_{\text{MPPT}}\eta_{\text{DC-DC}}\eta_{\text{DC-AC}}$；

(2) 光伏储能系统输出功率中被储能系统吸收的效率为 $\eta_{\text{MPPT}}\eta_{\text{DC-DC}}\eta_{\text{c}}$；

(3) 储能系统向外输出功率的效率为 $\eta_{\text{d}}\eta_{\text{DC-AC}}$。

7.1.2　光伏储能系统的成本模型

对光伏储能系统的成本进行量化计算是分析其经济性的基础。光伏储能系统的成本包括光伏发电系统的成本及储能系统的成本两部分，光伏发电系统的成本包括初始投资成本及运维成本，储能系统的成本包括初始投资成本、运维成本及更换成本。

光伏发电系统的初始投资项目包括光伏组件、逆变器及其他辅助设备(包括支架、线缆等)，如式(7-1)所示，其中 C_{PV} 为光伏发电系统的总初始投资成本，C_{mod}、C_{inv}、C_{PVap} 分别为光伏组件、逆变器、光伏辅助设备及安装的初始投资成本；Cap_{PV} 为光伏发电系统的装机容量，$C_{\text{mod\_p}}$、$C_{\text{inv\_p}}$、$C_{\text{PVap\_p}}$ 分别为光伏组件、逆变器、光伏辅助设备及安装的单位装机容量初始投资成本。

$$C_{\text{PV}} = C_{\text{mod}} + C_{\text{inv}} + C_{\text{PVap}} = \text{Cap}_{\text{PV}}\left(C_{\text{mod\_p}} + C_{\text{inv\_p}} + C_{\text{PVap\_p}}\right) \tag{7-1}$$

除了初始投资外，在光伏发电系统的寿命周期内(一般为 20～25 年)，还需对其进行运行与维护。光伏发电系统的年运维成本 C_{PVom} 可以用初始投资成本的百分比表示，如式(7-2)所示，其中 k_{PVom} 为百分比系数。

$$C_{\text{PVom}} = k_{\text{PVom}}C_{\text{PV}} \tag{7-2}$$

储能系统的初始投资成本和运维成本均与光伏发电系统类似。储能系统的初始投资包括锂电池、储能变流器(power control system，PCS)及其他辅助设备，如式(7-3)所示，其中 C_{ES} 为储能系统的总初始投资成本，C_{bat}、C_{PCS}、C_{ESap} 分别为锂电池、PCS、储能辅助设备及安装的初始投资成本；Cap_{ES} 为储能系统的额定容量，$C_{\text{bat\_p}}$、$C_{\text{PCS\_p}}$、$C_{\text{ESap\_p}}$ 分别为光伏组件、逆变器、储能辅助设备及安装的单位容量初始投资成本。

$$C_{\text{ES}} = C_{\text{bat}} + C_{\text{PCS}} + C_{\text{ESap}} = \text{Cap}_{\text{ES}}\left(C_{\text{bat\_p}} + C_{\text{PCS\_p}} + C_{\text{ESap\_p}}\right) \tag{7-3}$$

储能系统的年运维成本 C_{ESom} 同样用初始投资成本的百分比表示，如式(7-4)所示，其中 k_{ESom} 为百分比系数。

$$C_{\text{ESom}} = k_{\text{ESom}}C_{\text{ES}} \tag{7-4}$$

需要注意的是，锂电池的使用寿命往往小于光伏储能系统的寿命周期，在光伏储能系统的寿命周期内可能需要一次或多次更换锂电池，因此储能系统还存在一个更换成本。与锂电池不同，PCS 和储能辅助设备的使用寿命能够达到光伏储能系统的寿命周期，因此在更换锂电池时不需更换 PCS 和储能辅助设备。储能系统的更换成本 C_{ESrep} 如式(7-5)所示：

$$C_{\mathrm{ESrep}} = C_{\mathrm{bat}} = \mathrm{Cap}_{\mathrm{ES}} C_{\mathrm{bat\_p}} \tag{7-5}$$

7.1.3 光伏储能系统的收益模型

目前传统光伏发电系统的发电模式有三种，即全额上网、自发自用余电上网、完全自发自用模式。由于将光伏发电接入牵引供电系统的应用在国内尚无先例，且目前光伏政策尚不支持自发自用余电上网模式，故本方案以下收益模型的建立将基于完全自发自用模式。

光伏发电系统采用完全自发自用模式时的收益包括两部分，即度电补贴收益和电费收益。度电补贴是指光伏发电系统每发出 1kWh 电，政府就给予相应金额的补贴，因此这部分收益与发电量有直接关系。度电补贴包括国家补贴和地方政府补贴，其中国家补贴在补贴形式确定后即可在 20 年内一直享受，地方政府补贴的补贴形式和年限不确定。电费收益是指光伏发电系统发出的电能直接由本地负荷消耗，抵消原本需要开支的部分电费而带来的收益，对于背靠背光伏储能系统，这部分收益与地区的光伏出力特性、牵引负荷特性直接相关。

背靠背光伏储能系统的收益模型如式(7-6)所示，其中 B_{PVES} 为背靠背光伏储能系统的年总收益，B_{sub}、B_{gen} 分别为度电补贴收益和电费收益；B_{sub1} 和 B_{sub2} 分别为国家给予的度电补贴(从2019年起这部分补贴从 0.37 元/kWh 降至 0.1 元/kWh)和地方政府给予的度电补贴，P_{e} 为单位电价；E_{sum}、E_{use} 分别为总发电量和考虑各种损耗后消耗在牵引负荷中的电量。

$$B_{\mathrm{PVES}} = B_{\mathrm{sub}} + B_{\mathrm{gen}} = E_{\mathrm{sum}}\left(B_{\mathrm{sub1}} + B_{\mathrm{sub2}}\right) + E_{\mathrm{use}} P_{\mathrm{e}} \tag{7-6}$$

7.1.4 光伏储能系统的衰减模型

在对全寿命周期的光伏储能系统进行研究时，其衰减是不可忽略的影响因素。光伏储能系统的衰减包括光伏组件的功率衰减和锂电池的容量衰减。

对于光伏电能利用率的计算忽略光伏组件功率衰减，在某一年的光伏发电量的计算中适用，但在光伏发电系统长达 20～25 年的寿命周期内，光伏组件的功率衰减不可忽略。

光伏组件的功率衰减是指随着光照时间的增加，组件的输出功率不断下降的现象。光伏组件的功率衰减包括初始光致衰减、材料老化衰减以及外界环境或破坏性因素导致的功率衰减，本书考虑前两者。

光伏组件的初始光致衰减是指光伏组件在刚开始接受太阳光辐射的初期，组件输出功率发生大幅下降的现象；材料老化衰减是指初始光致衰减结束后，组件输出功率随着材料老化缓慢、稳定下降的过程。目前量产的光伏组件在进行质保时，通常都假设第一年的衰减率为 3%，10 年内衰减率不超过 10%，25 年内衰减率不超过 20%。参考量产光伏组件的标准，假设光伏组件的功率衰减率为第一年 3%，之后每年 0.7%。图 7-2 为光伏组件的功率衰减趋势。

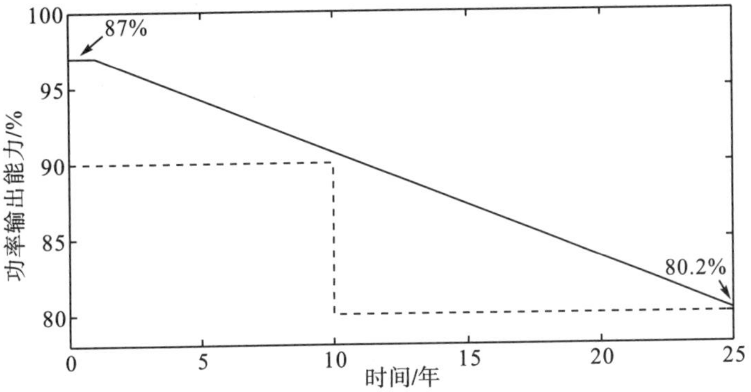

图 7-2　光伏组件功率衰减趋势

锂电池的容量衰减直接影响锂电池的使用寿命。前文已说明，锂电池的使用寿命往往小于光伏储能系统的寿命周期，这是因为在充放电过程中，锂电池的容量呈现出不断衰减的状态，可以认为当锂电池的容量衰减至 75%左右时，其寿命终止。影响锂电池使用寿命的因素包括放电深度、充放电倍率、环境温度等，这里暂不考虑充放电倍率及环境温度对锂电池使用寿命的影响。

锂电池在使用过程中的容量与其标称容量的比值称为容量保持率 δ，在固定的放电深度下，锂电池的容量保持率与其循环次数的关系可用多项式进行拟合，其表达式为

$$\delta = 1 + an + bn^2 + cn^3 \tag{7-7}$$

式中，n 为循环次数，a、b、c 为与放电深度有关的拟合系数，取值见表 7-1。

表 7-1　不同放电深度的拟合系数

放电深度/%	a	b	c
40	-5.81×10^{-5}	1.69×10^{-9}	2.01×10^{-13}
60	-8.97×10^{-5}	1.36×10^{-8}	-1.11×10^{-12}
80	-1.34×10^{-4}	3.11×10^{-8}	-3.04×10^{-12}
100	-1.69×10^{-4}	4.48×10^{-8}	-4.54×10^{-12}

根据上述估算方法，得到不同放电深度下的锂电池容量保持率变化趋势，如图 7-3 所示。

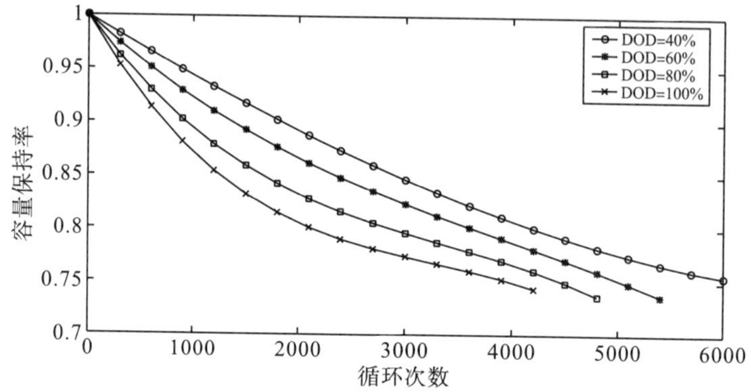

图 7-3　不同放电深度下锂电池容量保持率

100%的放电深度对锂电池损伤较大，故不作采用。根据图 7-3，将 40%、60%、80%放电深度下的锂电池寿命定为 6000 次、5000 次、4500 次。

7.1.5　光伏储能系统的残值

残值是指在设备使用寿命的末期，处置设备可能获得的价值。光伏储能系统的残值可以视为寿命周期内的最后一项收益，一般占初始投资成本的 3%～5%。光伏储能系统的残值 B_{rv} 为

$$B_{\mathrm{rv}} = r_{\mathrm{rv}}\left(C_{\mathrm{PV}} + C_{\mathrm{ES}}\right) \tag{7-8}$$

式中，r_{rv} 为残值率。

7.2　光伏储能系统的经济性评估方法

7.2.1　净现值法

在 7.1 节经济性模型的基础上，可以对背靠背光伏储能系统的净收益进行逐年计算。定义变量 T 表示年份，$B_{\mathrm{PVES}.T}$ 和 $B_{\mathrm{net}.T}$ 分别表示第 T 年的收益和考虑成本的净收益；定义 j 表示更换锂电池的标识位，当锂电池的累计循环次数达到对应的寿命时，将 j 置 1，其余时间 j=0。各年背靠背光伏储能系统的净收益如式(7-9)所示，需要说明的是，T=0 表示初始投资，其余各年中的收益、成本、锂电池更

换均在年末进行结算。

$$B_{\text{net}.T}=\begin{cases}-\left(C_{\text{PV}}+C_{\text{ES}}\right), & T=0\\ B_{\text{PVES}.T}-\left(C_{\text{PVom}}+C_{\text{ESom}}\right), & 1\leqslant T<20,\ j=0\\ B_{\text{PVES}.T}-\left(C_{\text{PVom}}+C_{\text{ESom}}+C_{\text{ESrep}}\right), & 1\leqslant T<20,\ j=1\\ B_{\text{PVES}.T}+B_{\text{rv}}-\left(C_{\text{PVom}}+C_{\text{ESom}}\right), & T=20\end{cases} \tag{7-9}$$

利用式(7-9)虽然可以得到背靠背光伏储能系统每年的净收益，但这些净收益并未考虑资金的时间价值，如果将其单纯地累加来求最终的总收益，这在经济性评估中是缺乏意义的。资金的时间价值是指资金随着时间的推移会发生增值的属性，当持有一定量资金时，这些资金会比未来的等量资金具有更高的价值，简单来说，同样数额的资金在不同的时间点上是具有不同的价值的。影响资金时间价值的因素包括资金的使用时间、周转速度、数额大小、投入和回收的特点等。

考虑到资金时间价值的影响，需要将背靠背光伏储能系统每年的净收益都折算到一个相同的时间点上，这样才能使累加有意义。采用将各年净收益都折算到项目投资初期(T=0)的方式，如式(7-10)所示，此处 $B_{\text{net}.T}$ 称为年值(annual value，AV)，对应的 $B_{\text{pv}.T}$ 称为现值(present value，PV)，式中 r_{dis} 为折现率，世界银行采用 10%，我国普遍采用 8%，因此取 r_{dis}=8%。

$$B_{\text{pv}.T}=\frac{B_{\text{net}.T}}{\left(1+r_{\text{dis}}\right)^{T}} \tag{7-10}$$

在得到各年净收益在 T=0 的现值之后，对其进行累加，即可得到截至任意年的总收益净现值(net present value，NPV)，从而可以很直观地观察投资成本的回收过程以及项目的收益过程。求取净现值的公式为

$$B_{\text{npv}.k}=\sum_{T=0}^{k}B_{\text{pv}.T} \tag{7-11}$$

式中，$B_{\text{npv}.k}$ 表示截至第 k 年的总收益净现值。

7.2.2　经济性评估指标

对于项目的经济性，可以采用多种指标进行评估：从时间上来看，可使用投资回收期来评估；从价值上来看，可使用净现值、费用现值等指标来评估；从效率上来看，可使用内部/外部收益率、净现值率、效益成本比等指标来评估。由于光伏发电(储能)系统的配置方案容量跨度较大，单纯从价值上来评估经济性意义不大，同时考虑到计算的简便性，采用投资回收期和效益成本比来对背靠背光伏储能系统的经济性进行评估。

投资回收期(payback period，PP) 是指自项目初始投资后，所得的净收益能够偿还初始投资成本所需的年限，考虑到资金的时间价值，投资回收期其实是项

目总收益净现值等于零的那点对应的时间。由于本章所有净收益均按年计算，因此定义投资回收期 T_{pp} 为总收益净现值为非负值的最小的年数，即

$$T_{pp}=\min\left\{k\left|B_{npv.k}\geqslant 0\right.\right\} \tag{7-12}$$

效益成本比(benefit-cost ratio，BCR) 是指项目总收益和初始投资成本的比值，考虑到资金的时间价值，效益成本比是项目寿命周期结束后总收益的净现值与初始投资成本的比值。本章定义 T_{lc} 为背靠背光伏储能系统的寿命周期，则效益成本比 R_{bc} 为

$$R_{bc}=\frac{B_{npv.T_{lc}}}{\left|B_{npv.0}\right|}=\frac{B_{npv.T_{lc}}}{C_{PV}+C_{ES}} \tag{7-13}$$

7.3 光伏储能系统的经济性分析

7.3.1 系统及成本收益参数

在对光伏发电(储能)系统的经济性进行计算之前，首先需要确定系统以及成本收益的各项参数。系统参数方面，前文已经介绍国家对分布式光伏发电项目的度电补贴的周期为 20 年，因此本章将背靠背光伏储能系统的寿命周期设定为 20 年。各项系统参数的默认值如表 7-2 所示。

表 7-2 系统参数默认值

参数	取值	参数	取值	参数	取值
T_{lc}	20 年	Cap_{ES}	100kWh	$\eta_{DC\text{-}DC}$	0.97
Cap_{PV}	1MWp	η_{MPPT}	0.97	$\eta_{DC\text{-}AC}$	0.98
η_c、η_d	0.9	r_c、r_d	1	SOC	[0.1,0.9]

成本参数方面，光伏组件、光伏辅助设备、锂电池、储能变流器、储能辅助设备以及运维成本均可参考实际情况进行取值，但背靠背光伏逆变器属于新型设备，其成本必然与量产的光伏逆变器存在差异，因此该项成本需要特殊考虑。目前光伏发电系统的总造价为 7～8 元/Wp，取 7 元/Wp，其中光伏逆变器的价格为 0.5～0.7 元/Wp，取普通光伏逆变器的价格为 0.5 元/Wp，显然背靠背光伏逆变器的价格会高于这个值。各项成本参数的默认值如表 7-3 所示。

表 7-3　成本参数默认值

参数	取值	参数	取值	参数	取值
$C_{\mathrm{mod\_p}}$	3 元/Wp	$C_{\mathrm{inv\_p}}$	1 元/Wp	$C_{\mathrm{PVap\_p}}$	3.5 元/Wp
k_{PVom}	0.01	$C_{\mathrm{bat\_p}}$	2 元/Wh	$C_{\mathrm{PCS\_p}}$	0.5 元/Wh
$C_{\mathrm{ESap\_p}}$	1 元/Wh	k_{ESom}	0.005	—	—

收益参数方面，国家给予的度电补贴为 0.1 元/kWh，但其他形式的度电补贴的单价及补贴年限均无法确定，因此默认为无其他形式度电补贴。对于单位电价，根据国家电网公司公布的电价政策，110kV、220kV 大工业用电电度电价普遍在 0.5～0.6 元/kWh 变化，取全国平均电价为 0.526 元/kWh，各项收益参数的默认值如表 7-4 所示。

表 7-4　收益参数默认值

参数	取值	参数	取值	参数	取值
B_{sub1}	0.1 元/kWh	B_{sub2}	0 元/kWh	P_{e}	0.526 元/kWh
r_{dis}	0.08	r_{rv}	0.04	—	—

7.3.2　系统参数对经济性的影响

在对背靠背光伏储能系统的收益进行逐年计算时，需先作以下假设：

(1) 地区的光照资源不随年份改变；

(2) 不考虑牵引负荷的预测，且牵引负荷具有日周期性；

(3) 忽略成本的变动，即更换锂电池时的成本与初始投资时相同，运维成本不随时间变化；

(4) 单位电价保持固定。

首先观察不同光照条件对背靠背光伏储能系统经济性的影响，为了更好地体现地域对经济性的影响，这里引入敦煌(一类地区)、大同(二类地区)、济南(三类地区)、杭州(四类地区)、成都(五类地区)具有不同光照资源的五类典型地区进行对比。图 7-4 为上述五个地区在默认的系统、成本收益参数下的总收益净现值曲线。

图 7-4 所示的结果显示，在相同的参数下，五个地区的背靠背光伏储能系统的经济性差异显著。项目初始投资成本为 785 万元，一类地区在第 10 年结束前收回成本，寿命周期结束时总收益的净现值约为 340.8 万元，效益成本比约为 0.434；而四、五类地区在整个寿命周期内均为亏损状态；二、三类地区的成本回收期分别为 14 年和 19 年，效益成本比分别为 0.1635 和 0.0179。在背靠背光伏储能系统

的收益模式下，影响收益大小的最主要因素是发电量，而光照资源直接影响发电量，因此造成上述经济性差异悬殊的现象。

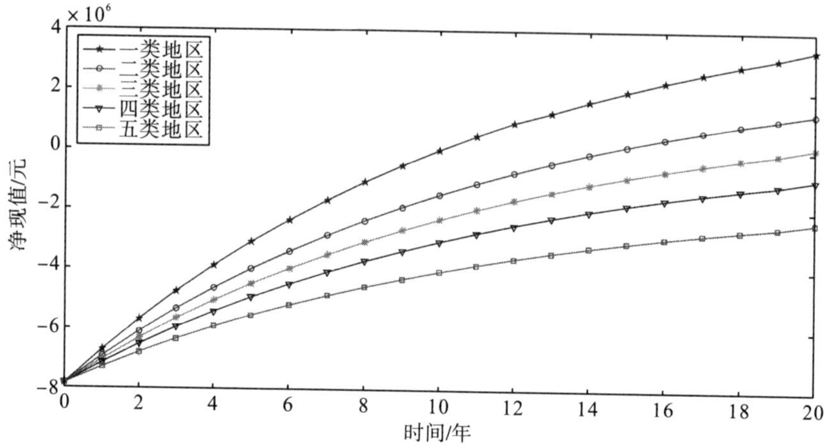

图 7-4 不同光照条件下的经济性对比

7.3.3 成本参数对经济性的影响

成本参数主要影响背靠背光伏储能系统的初始投资成本，同时也轻微地影响收益过程。随着技术的进一步成熟，背靠背光伏储能系统各方面成本会呈现逐步下降的趋势，由于四、五类地区在整个寿命周期内为亏损状态效益成本比为负值，不建议安装光伏储能系统，故图 7-5 仅给出成本参数下降 0%～50%时一、二、三类地区的效益成本比变化曲线。

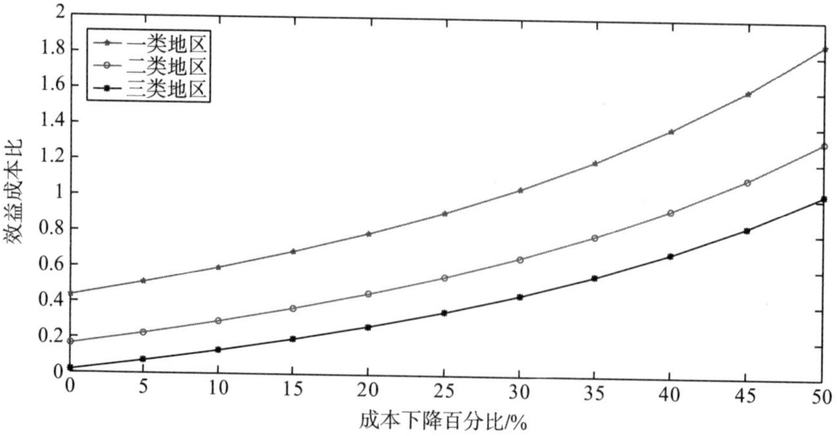

图 7-5 成本下降对效益成本比的影响

从图 7-5 中可以看到，背靠背光伏储能系统的效益成本比随着成本的下降显著提高，这意味着在原本不具投资价值的地区投资背靠背光伏储能系统也能够获得可观的收益。以三类地区为例，在默认成本参数下，其效益成本比仅为 0.0179，而当成本下降 50%时，其效益成本比提高到了 1.027，高于一类地区在默认成本参数下的效益成本比。除三类地区外，一、二类地区在成本下降 50%时，效益成本比分别提高到 1.869 和 1.324。

7.3.4　收益参数对经济性的影响

收益参数影响背靠背光伏储能系统在寿命周期内的收益过程，一方面，目前光伏储能系统的成本仍相对较高，其收益主要还是依赖于国家及地方政府的补贴，而从长远来看这些补贴将会逐步下调直到取消，届时将影响未来背靠背光伏储能系统的可投资性。另一方面，随着国家进一步推进电价改革，用电成本也将逐渐下降，因此电费收益也将受到影响。图 7-6 为单位电价不变时度电补贴下调 0%～100%时三个地区的效益成本比变化曲线，图 7-7 为度电补贴不变时单位电价下调 0%～50%时三个地区的效益成本比变化曲线。

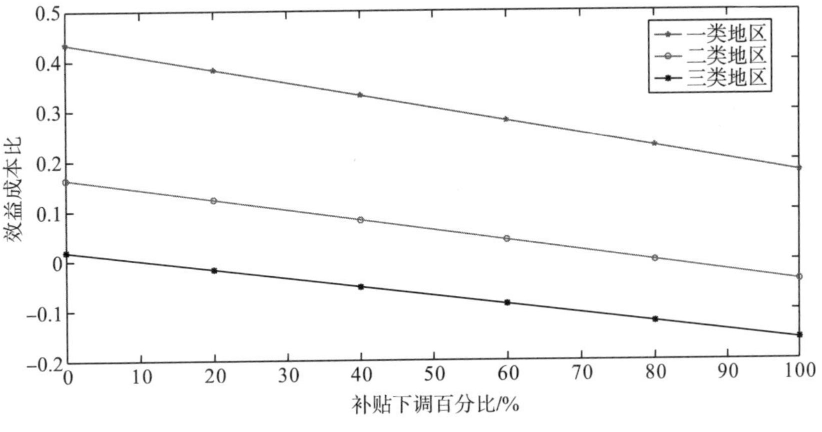

图 7-6　补贴下调对效益成本比的影响

从图 7-6 和图 7-7 中可知，与成本的影响不同，度电补贴和单位电价对效益成本比的影响几乎是线性的。度电补贴和单位电价的下调使背靠背光伏储能系统的经济性下降，以一类地区为例，当单位电价下调超过 37%时，将失去盈利能力，当度电补贴完全取消时，其效益成本比仅剩 0.1769，盈利能力较差。另外，对于光照资源较差的地区，度电补贴和单位电价的下调意味着失去了盈利的可能。

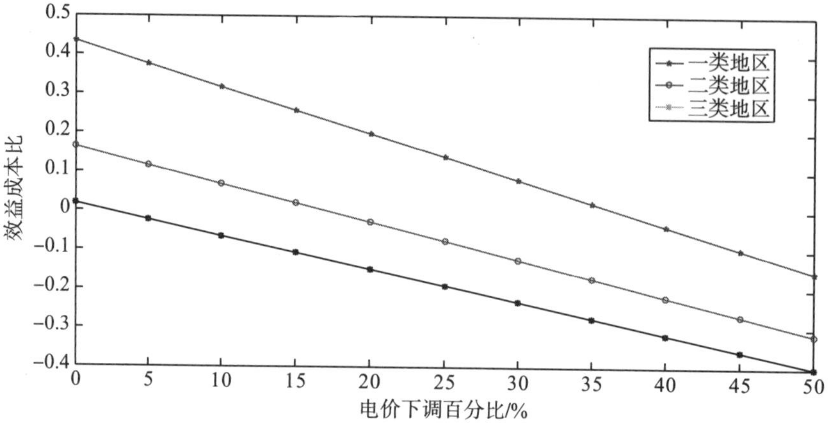

图 7-7 电价下调对效益成本比的影响

对于二类地区，当度电补贴下调超过 80%或单位电价下调超过 17%时，对于三类地区，当度电补贴下调超过 10%或单位电价下调超过 2%时，其效益成本比均小于零，也就是说项目无法回收成本，不具有可投资性。

7.3.5 不同配置方案对经济性的影响

除了系统及成本收益参数外，不同的光伏储能配置方案也会对背靠背光伏储能系统的经济性产生影响。以投资经济性较好的一类地区为例，设光伏装机容量的上限值为 5MWp，储能系统的额定容量在 0～300kWh 内变化，在默认参数下，配置方案不同时背靠背光伏储能系统的投资回收期及效益成本比如图 7-8 和图 7-9 所示。

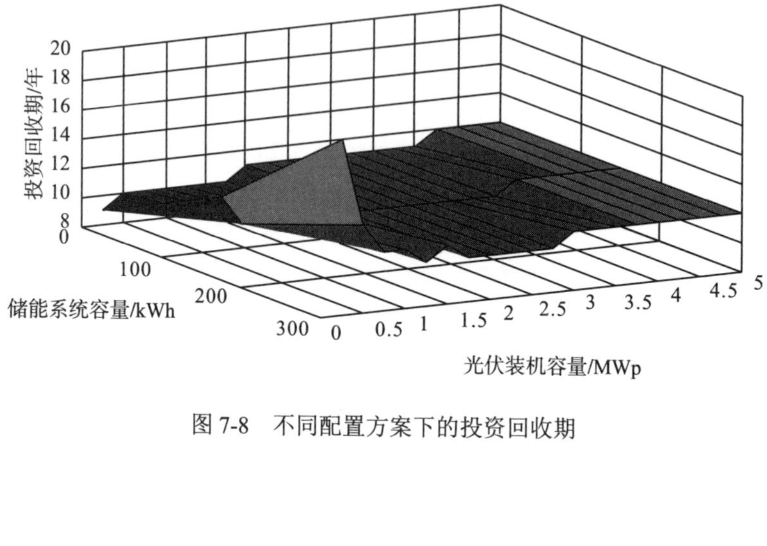

图 7-8 不同配置方案下的投资回收期

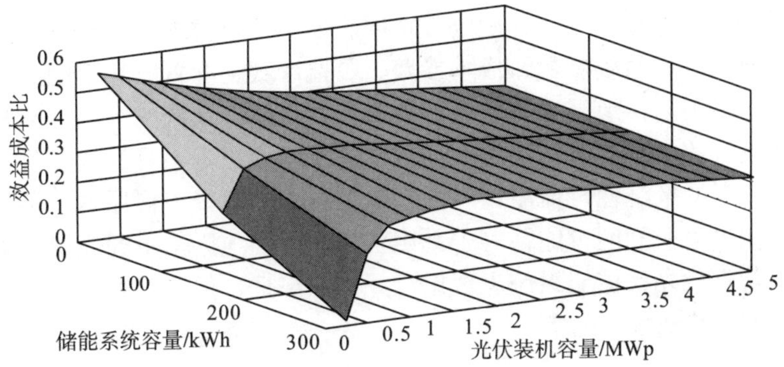

图 7-9　不同配置方案下的效益成本比

根据图 7-8 和图 7-9 所示的结果，可得以下结论：

(1) 当光伏装机规模较小而储能系统容量较大时，整个系统的经济性最差，投资回收期最高可高至 20 年，效益成本比最低可低至 0.0167；当光伏装机规模和储能系统容量的比值适宜时，系统基本上能够在 10～12 年内回收成本，效益成本比维持在 0.4 以上，说明在光照资源丰富地区的牵引供电系统投资背靠背光伏储能系统具有可观的经济性。

(2) 当储能系统容量较小时，总体而言效益成本比随着光伏装机容量的增大而减小；当储能容量较大时，效益成本比随着光伏装机容量的增大先增大后减小。

(3) 增加储能系统虽然能提高光伏电能利用率，但是从效益成本比上来说，当光伏装机容量较小时，增加储能系统反而会使效益成本比下降；而当光伏装机容量较大时，增加储能系统对效益成本比的影响不大。因此，对于小容量的光伏发电系统，可不增加储能系统；而对于大容量的光伏发电系统，可考虑增加储能系统。

(4) 单纯从经济性指标来看，小容量光伏装机不配置储能系统的方案可以达到最快收回成本、最高效益成本比，但因为其初始投资成本较低，能够获得的总收益数额也就较低，未必是最优的方案。如果要获得经济性最优的方案，还需要进一步考虑初始投资中的自有资金数额、银行贷款利率以及其他可投资的项目的收益率等因素。

7.4　本 章 小 结

本章对背靠背光伏储能系统的经济性进行了评估，首先建立了背靠背光伏储能系统的经济性模型，充分考虑了效率、成本、收益、衰减、残值等因素；其次，考虑到资金的时间属性，在对背靠背光伏储能系统的收益进行逐年计算后利用净现值法进行折算，并确定投资回收期和效益成本比为经济性指标；最后，对不同地区、系统参数、成本参数、收益参数、配置方案下的经济性进行了计算。结果表明，地区光照资源对背靠背光伏储能系统的经济性影响很大，而对储能系统放电深度的影响很小；成本的下降使原本不具有投资价值的地区也可具备可观的经济性，而度电补贴和单位电价的下降使得原本经济性较好的地区也可能失去盈利的可能；对于光照资源较好的地区，不同光伏储能配置方案均能使背靠背光伏储能系统表现出良好的经济性，但要获得经济性最优的方案，还需考虑其他多种因素。

第 8 章　光伏发电在城市轨道交通中的应用

除了前面章节研究的光伏发电系统在电气化铁路牵引供电系统中的应用，本章将扩展介绍光伏发电系统在城市轨道交通中的应用。目前，中国正处于城市化高速发展阶段，随着城市化进程加快，交通堵塞和尾气排放污染的问题日益严峻，城市轨道交通(简称城轨)具有运量大、速度快、安全、准点率高等特点，是解决城市交通问题的有效出路。而城市轨道交通沿线所建的停车场、车辆段以及高架线路等，其场地上的优势为光伏发电系统在城市轨道交通中的应用提供了广阔的前景。如何将光伏发电技术与城市轨道交通建设有效结合，以利用光伏电能为城市轨道交通车辆或辅助设备功能，对促进当地可再生能源的利用和消纳、缓解城市轨道交通系统供电压力、降低城市轨道交通运营成本并实现节能减排意义重大。为此，本章首先针对城市轨道交通供电系统及其负荷特性进行概述；然后分别对光伏发电系统在城市轨道交通中的并网技术、应用方案及应用现状进行分析，以期对推动光伏接入下的轨道交通工程建设提供一定的技术参考。

8.1　城市轨道交通概述

城市轨道交通是指具有固定线路、铺设固定轨道、配备运输车辆及服务设施等的公共交通设施，是以电能为动力，采取轮轨运输方式的快速大运量公共交通的总称，一般包括地铁和轻轨，以及现代有轨电车。根据《城市轨道交通 2018 年度统计和分析报告》(中国城市轨道交通协会)，截至 2018 年底，中国大陆地区共有 35 个城市开通城市轨道交通运营线路 185 条，运营线路总长度已达 5761.4km。

8.1.1　城市轨道交通供电系统

城市轨道交通供电系统由电力系统经高压输电网、主变电站降压，配电网络和牵引变电站降压、换流(转换为直流电)等环节，向城市轨道快速交通线路运行的动车组输送电力，主要包括供电设备和电力监控系统两部分。

我国城市轨道交通(地铁、轻轨、有轨电车等)均采用工频单相直流供电方式，车辆供电电压制式主要有 DC 600V、DC 750V、DC 825V 和 DC 1500V 等几种，根据具体情况采用集中式供电方式或分散式供电方式。以地铁牵引供电系统为例，牵引变电站从 110kV 电网取电，经过变压器降压和整流变为 DC 1500V 供给接触网，其拓扑结构如图 8-1 所示。

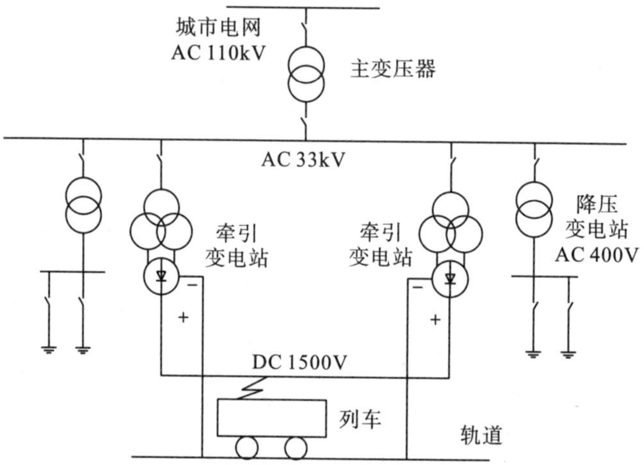

图 8-1　地铁牵引供电系统拓扑结构

8.1.2　负荷特性

城市轨道交通用电负荷较多，主要可以分为两大类：车辆牵引负荷、动力和照明负荷。其中车辆牵引负荷为一级负荷，需要在城市轨道交通沿线设牵引变电站；动力和照明负荷需要在各车站、车辆段、停车场、控制中心及其较大负荷的场所设降压变电站，按不同的用途和重要性分为不同等级的负荷，具体如下。

1. 地铁直流制/交流制供电系统工程

无论是直流制或交流制城市轨道交通牵引供电系统，其用电负荷有如下几类：

(1) 牵引供电负荷。牵引供电负荷主要向轨道交通车辆提供驱动电源及车体内部的低压机电负荷电源，所需容量最大，一般一个牵引变电站变压器容量为 2×2500～2×3000kVA。城市轨道交通供电系统目前有直流制和交流制，直流制的牵引负荷是直流电动车组，交流制的牵引负荷是交流电力机车或动车组。

(2) 轨道交通运营动力负荷。该类负荷主要是车站及区间内为保证地铁正常、安全运营所需的一些机电设备、通信信号设备、监控设备等，其负荷容量较大，每座地下车站在 1000～1200kW，高架车站在 200～350kW。

(3) 轨道交通运营照明负荷。该类负荷主要是运营所需的各类正常照明、应急照明、指示照明、广告照明等，其负荷容量较小，每座地下车站在 200～300kW，高架车站在 120～180kW。

另外，每条地铁线路基本都有一个停车场和车辆段，场段的动力与照明负荷较大，一个降压所和跟随所动力变压器一般配置分别为 2×1250kVA、2×630kVA，规模比较大的车辆段会额外配置两套动力变压器，容量为 2×315kVA。

上述用电负荷中，牵引负荷、通信信号、消防通风、监控、应急照明等是与行车及消防相关的可靠性要求较高的一级负荷。车站通风负荷、检修电源负荷、广告照明、一般照明、车场内道路照明、地下站出入口集散广场照明、室外地徽导向负荷等属于二、三级负荷。

2. 有轨电车工程

有轨电车工程一般采用地面线路，用电负荷有如下分类：

(1) 牵引供电负荷。地面线路牵引供电负荷为二级负荷，每个充电站牵引变压器容量一般为 1×800kVA。

(2) 重要动力负荷。车站通信系统、信号系统、交通工程、传输系统、有线电话系统、视频监视系统、车地无线通信系统等为重要负荷，变压器失电后，由不间断电源 (uninterrupted power supply，UPS) 供电，充电站内 UPS 容量约为 30kVA (约三个车站的用电容量)。

(3) 一般负荷。车站内其他动力负荷，如票务系统、乘客信息显示系统、广播系统、插座、风扇、自动售货机、自动取款机、照明等为一般负荷，一座车站一般负荷容量约为 20kW。

另外，每条有轨电车线路基本都有一个停车场和车辆段，场段变电站动力变压器一般配置为 1×1250kVA。

目前太阳能光伏电池一般用作车站内三级负荷、正常照明和一般的机电负荷供电，很少用作车辆牵引的动力供电。在新能源城市轨道交通车辆上，由于增加了超级电容和动力电池，太阳能电池发出的电能除为车辆和动力系统辅助设备供电外，经 DC/DC 变流器后可为动力电池或超级电容充电，从而间接实现电动供电。

8.2　光伏发电在城市轨道中的并网技术

城市轨道交通供电系统中压网络电压等级采用 AC 35kV，直流牵引供电系统牵引侧为 DC 1500V，交流牵引供电系统牵引侧为 AC 27.5kV (研究思路与大铁 (干线铁路) 相似)，低压动力照明系统采用 AC 400V/230V。光伏发电系统可根据发电容量选择接入城市轨道交通供电系统的方式，并网点可根据轨道线路实际用电量以及供电距离确定。

城市轨道交通供电系统及其负荷的特殊性，使得光伏发电系统接入具有交流并网和直流并网两种模式。鉴于交流并网技术的研究思路与大铁相似，这里不再赘述，本节重点研究直流并网模式，通过合适的接入方案及控制策略，使并网系统同样具备提高牵引供电质量和节能的双重作用，必要情况下还需安装储能并结合城市轨道交通牵引负荷运行特点进行研究。

光伏发电系统接入城市轨道交通直流牵引供电系统的可能并网点如图 8-2 所示。对于交流牵引供电系统，牵引变电站没有整流机组，牵引侧的额定电压为 AC 27.5kV，因此对应直流制牵引侧 1500V 并网点的交流牵引侧是 27.5kV 并网点。

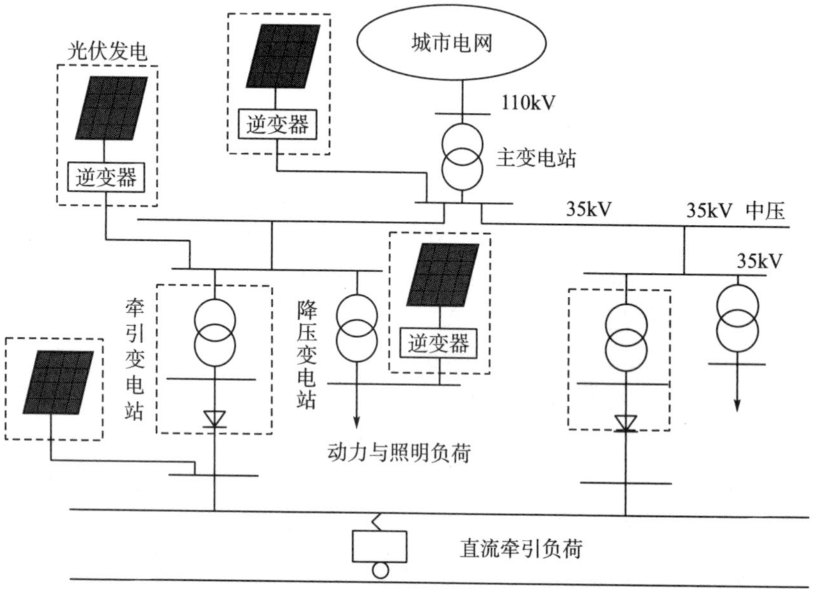

图 8-2　光伏发电系统接入城市轨道交通直流牵引供电系统的可能并网点

因此，光伏发电系统接入城市轨道交通牵引供电系统的可能并网模式有：

(1) 主变电站 AC 35kV——模式 1；

(2) 牵引变电站+降压变电站 AC 35kV——模式 2；

(3) 降压变电站 AC 400V——模式 3；

(4) 牵引变电站牵引侧 DC 1500V——模式 4；

(5) 牵引变电站牵引侧 AC 27.5kV——模式 5。

模式 1 和模式 2 均是在 35kV 交流高压侧并网，系统由升压变压器、高压环网柜以及负载侧高压并网开关柜等组成。通过光伏发电逆变系统将光伏组件所发电能通过逆变器转化为与负载侧同步的正弦交流电后，经升压变压器升压后并入

35kV 母线。相对模式 2，模式 1 要求光伏发电系统具有更大的容量，满足远距离供电要求，供电范围大，但输电距离远，带来的电压损耗和功率损耗更大。

模式 3 是将光伏发电系统输出的交流电直接接入低压动力照明系统，相较于模式 1、模式 2 高压侧并网方式，其低压侧并网设备简单方便，不需要二次设备及电力远动系统，投资更低，也具有更好的收益率。

模式 4 和模式 5 均是直接将光伏发电系统接入牵引侧，这两种模式将光伏发电系统直接用于牵引负荷，或通过储能或交流逆变将剩余光伏能量储存或倒送回电网。模式 4 针对直流牵引供电系统，直流侧并网具有提高城市轨道交通牵引供电质量和节能的双重作用，但需要安装储能装置，并需结合城市轨道交通的牵引网负荷运行特点，控制技术复杂，有待深入研究。模式 5 针对交流牵引供电系统，类似于接入铁路牵引供电系统。

当光伏发电站安装容量≤1MW 时，电能一般能就地消纳，并网电量较少，为降低造价和运营费用，故采用 0.4kV 电压等级。当光伏发电站安装容量>1MW 时，宜采用 10～35kV 并网电压等级。

1. 模式 1(主变电站 AC 35kV)

模式 1 采用主变电站 AC 35kV 侧并网，光伏变电站所发电能经逆变器接入 400V 交流开关柜，通过 400V/35kV 升压变压器，经光伏发电系统环网柜，并入主变电站 AC 35kV 交流母线上，示意图如图 8-3 所示。系统可看作由低压逆变器+升压系统两部分构成，可满足远距离供电要求，供电范围大，但构成较为复杂，投资较高。接入 35kV 高压系统，变电站继电保护采用多重保护，保护系统较为复杂。例如，当光伏发电回路出现短路故障时，若该回路断路器失灵或保护装置故障，就需要跳开本变电站所有 35kV 进出线开关，全站失电，影响太大。对供电可靠性要求非常高的地铁，光伏发电系统接入 35kV 需得到专业安全风险评估机构论证。

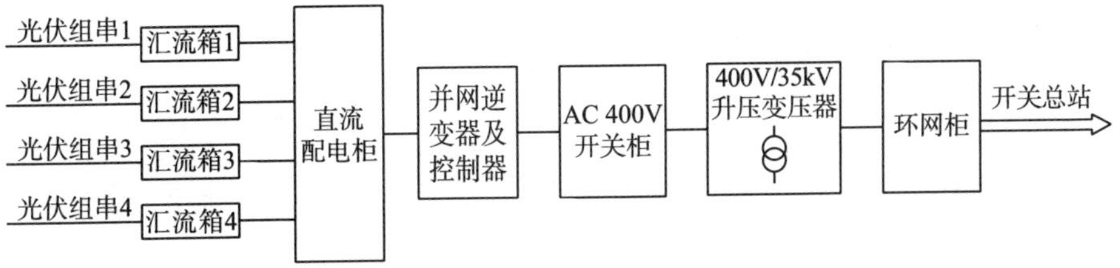

图 8-3　牵引变电站 AC 35kV 侧光伏并网结构示意图

2. 模式 2(牵引变电站+降压变电站 AC 35kV)

模式2采用牵引变电站35kV侧并网，光伏变电站所发电能经逆变器接入400V交流开关柜，通过升压环节，直接并入牵引变电站 35kV 交流母线上，示意图如图 8-4 所示。与模式 1 不同的是，该系统供电范围较小，所需配置容量也较小，同时避免了由远距离输电带来的功率损耗和电压损耗。对于面积规模较大的车辆基地，光伏发电量也较大，常采用 35kV 侧并网模式。

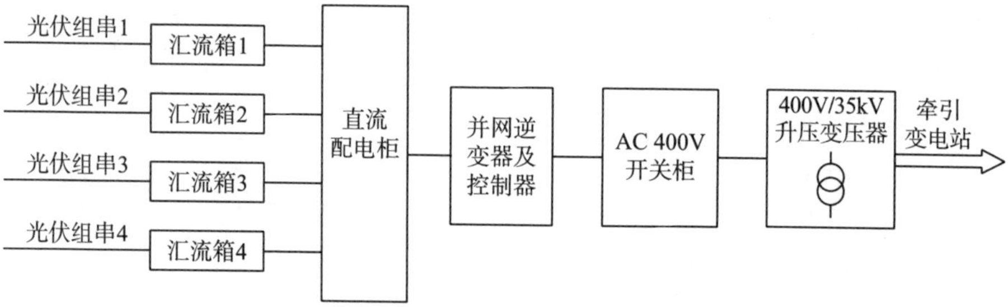

图 8-4 牵引变电站 35kV 侧光伏并网结构示意图

3. 模式 3(降压变电站 AC 400V)

模式 3 采用低压侧 AC 400V 并网，光伏变电站所发电能经逆变器后直接接入 400V 交流开关柜上，示意图如图 8-5 所示。可将光伏发电系统输出的交流电直接接入低压动力照明系统。低压侧并网还可分为两种并网方式：一是就地负载侧并网；二是将多个光伏发电逆变系统所发的电能集中汇流后，在降压变电站低压侧并网。该系统构成简单，设备数量少，投资低，对光伏发电系统的容量要求低，但不适用于远距离输电。对于高架车站往往采用在降压变电站 400V 侧集中并网的方式；高架区间以及地铁出入口的光伏发电系统可就近接入 400V 负荷侧。

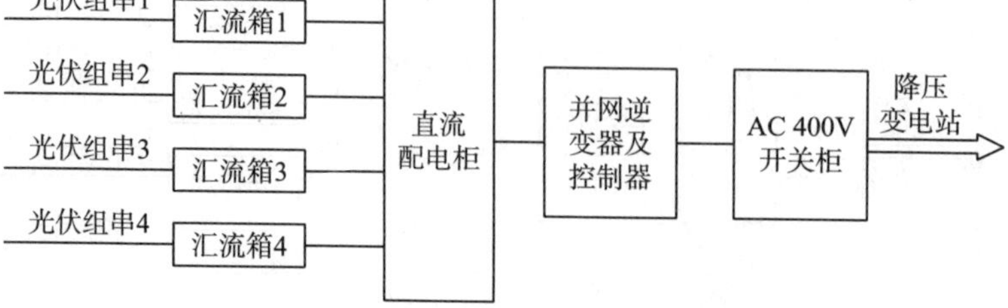

图 8-5 AC 400V 侧光伏并网结构示意图

4. 模式 4(牵引变电站牵引侧 DC 1500V)

模式 4 采用牵引侧 DC 1500V 并网，理论上光伏发电系统通过 DC/DC 变换器即可接入城市轨道交通直流接触网，拓扑结构如图 8-6 所示。该模式具有电能质量高、谐波污染问题不突出、运行中不占用牵引变电站整流装置的容量等优点。但城市轨道交通牵引供电系统是一个复杂的车、网动态交互系统，列车运行中频繁地在启动、加速、惰行、制动等工况间转换，直流接触网电压波动十分剧烈。直流侧并网只有适应城市轨道交通的牵引网负荷运行特点，才能充分利用光伏发电系统所发电力。

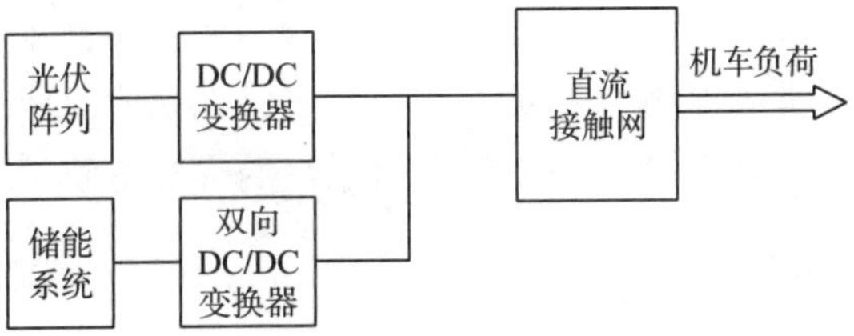

图 8-6　牵引侧 DC 1500V 并网拓扑结构

5. 模式 5(牵引变电站牵引侧 AC 27.5kV)

模式 5 采用牵引侧 AC 27.5kV 并网，光伏发电给逆变器后接入牵引变电站 27.5kV 交流开关柜上，示意图如图 8-7 所示。此模式类似于光伏并入铁路牵引供电系统，不同于铁路分相供电制式，城市轨道交通系统采用同相供电制式，光伏发电系统可通过逆变过程直接接入，采用储能系统及控制策略合理分配能量流动。

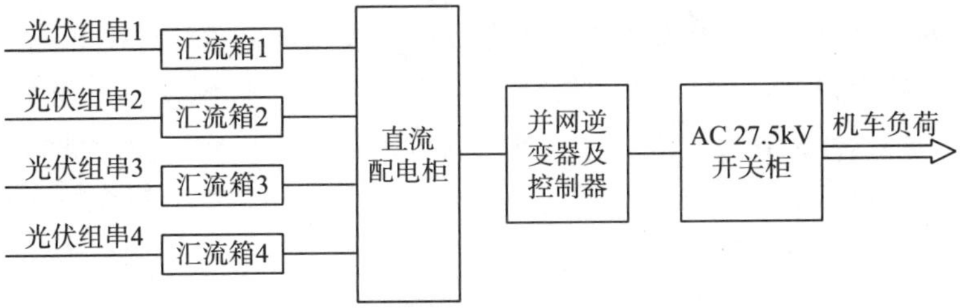

图 8-7　牵引侧 AC 27.5V 并网结构示意图

城市轨道交通采用直流接触网供电，相比于电气化铁路，不存在三相不平衡、负序等电能质量问题。但由于牵引供电系统中采用 24 脉波整流技术，其中含有大量非线性整流元件，会出现一定的无功负荷和谐波。由于机车的频繁启动和制动，行车密度大，且机车是冲击性负荷，可能引发频率偏差、电压偏差以及电压波动和闪变等问题。因此，直流侧并网方式必须满足机车不断变化的牵引网负荷运行的要求。

8.3 光伏发电在城市轨道交通中的应用方案

光伏发电在城市轨道交通中的应用，可分为光伏发电系统接入城市轨道交通供电系统和车载光伏两种形式。其中，以光伏电站/分布式光伏接入城市轨道交通供电系统为主流，光伏接入后可供机车运行、光导照明、各类生活负荷等。按照光伏发电系统是否与电网相连，又将其分为独立光伏发电系统、并网光伏发电系统，其中并网光伏发电系统又分为有逆流型并网系统、无逆流型并网系统和切换型并网系统。城市轨道交通配置有大面积停车场、车辆段、地面及高架车站、高架区间、地面出入口等，具有应用光伏发电系统的广阔空间。

1. 车辆基地应用方案

车辆基地是地铁全线铺轨工程、设备仓储、列车调试和运营准备的核心，是全线车辆、土建、各系统及机电设备的维修基地，运营指挥的备用控制中心，是地铁建设项目中的重要组成部分，根据车辆基地的功能、规模大小可以分为甲、乙和丙三种车辆基地，分别为车辆段、停车场与辅助停车场。车辆段一般由厂架修段(或定修段)、综合维修中心、物资总库以及生活办公设施等组成；停车场由停车区、维修工区、物资分库(或材料分库)以及生活办公设施等组成；辅助停车场由辅助停车区、部分维修工区(必要时设置)、材料分库以及生活办公设施等组成。

根据实际工程设计经验，一般运用库屋顶面积为20000～40000m^2、检修库屋顶面积约为10000m^2，综合楼、物资总库等单体屋顶面积也超过1000m^2，而其余单体建筑，如调机库、试车机具间公寓和工程车库等单体屋顶面积基本也不小于400m^2。因此，一般车辆基地都具有投资规模大、占地面积大以及建设影响大等特点。随着城市发展，城市用地越来越紧张，光伏发电系统一般设置在城市郊区轨道交通两头，基地周围基本无遮挡物，因此光伏组件能方便捕捉太阳光，具备将太阳能转化成电能的先天条件。

结合车辆基地既有设计及运营经验可知，车辆基地生产用电如运用库及检修库等大型单体用电量很大，但由于受制于城市轨道交通为便于城市居民出行的特殊性，车辆基地内生产用电集中在 24:00 地铁停运后，在白天用电量仅为一些生活用电，如空调器、水泵和食堂等，用电较少，而光伏发电系统发电原理仅在白天工作发电，光伏发电系统白天所产生的电能大大超过了车辆基地本身所需的用电。因此，可将光伏发电系统所发的电能并入城市轨道交通既有供电网络，并可根据实际情况配以储能装置，由整个供电网络消化利用，具体并网点可根据轨道线路实际用电量以及供电距离研究确定。

同时，车辆基地还兼作地铁运营人员的生活场所，在车辆基地内会设置宿舍、食堂以及门卫等单体，一般离变电站或其他生产单体较远，用电负荷为一般生活用电，因此可直接在屋顶采用光伏发电系统且采用低压侧直接并网自发自用的方式。

2. 高架车站应用方案

高架车站是城市轨道交通的重要节点，与地下车站相比投资成本低，实施技术难度低，有利于穿越情况复杂的地段。一般高架车站沿道路路中或路侧布置，若车站周围无遮挡、空间较大，则此种高架车站较适宜设置光伏发电系统。

城市轨道交通的高架车站一般分两层，站厅层为地上一层，站台层为地上两层，部分车站还有三层或单独的设备层，主要是一些较大的换乘站，整体建筑面积在 5000～6500m^2。由于站厅层、设备层均与太阳光照不接触，因此该部分面积不能作为太阳能光伏发电系统的有效利用面积，只有车站屋顶可考虑使用。一般一座标准高架车站站台顶棚面积约为 3100m^2，敷设光伏组件面积有限，车站光伏发电系统装机容量约为 230kWp，可满足车站约 30%低压负荷的用电，仅靠光伏发电并不能完全满足本车站所有用电要求，但可供高架车站的照明及三级负荷用电。

光伏组件在高架车站顶棚的安装可以采用安装型建筑光伏（building attached photovoltaic，BAPV）和建筑一体化光伏（building integrated photovoltaic，BIPV）两种方案。

采用 BAPV 方案，不需要改变建筑物本身，只需将组件固定在顶棚上，即在顶棚上铺一层光伏组件。该方案适应面广，新旧屋顶均可安装，光伏组件选择的通用性强，不用特殊定制，组件可按最佳角度安装，光伏发电成本较低。

BIPV 方案是顶棚与光伏组件集成，太阳能光伏组件兼做顶棚建筑材料，是集发电、隔音、隔热、安全和装饰功能为一体的新型功能性建筑形式。BIPV 使建筑物整体性效果更好，既增加了建筑的透光率，又有良好的遮阳效果，可以突出建筑物的美学光影关系，体现节能减排的观感效应。

3. 高架区间应用方案

轨道交通线路在市区内一般为地下走线，在郊区及进出车场的区段为地面及高架走线。地面及高架区间内一般主要有区间照明和区间检修负荷，这两种负荷均在线路故障或者平时检修时使用，负荷容量不大。对于高架区间照明负荷，可采用灯具和光伏发电系统整体结合的模式进行设计。对于采用三轨供电的线路，将灯具、电池板安装在高架桥梁梁翼上方顶部，对于采用架空接触网供电的线路，灯具、太阳能电池板等均可结合接触网支柱一体安装，灯具各自独立成一套系统，互不影响。另外，高架区间梁翼外侧面积宽阔，且基本垂直于地面，可以悬挂太阳能电池板。因此，利用该部分空间设置太阳能光伏发电系统也值得研究和探讨。

4. 地下站出入口集散广场应用方案

轨道交通地下站出入口一般包括地面厅室外建筑、室外集散广场，部分车站有自行车停车场及汽车停车位。出入口主要用电负荷是地面厅照明、轨道交通地徽导向照明、自行车停车场及汽车停车位照明，均为一般负荷。利用地面厅建筑顶部设置太阳能电池板，采用独立光伏发电系统向地面厅照明及地徽进行供电；集散广场、自行车停车场及汽车停车位可采用设置光伏电源照明灯杆的模式，由光伏电源灯杆向上述场所提供电能。

5. 道路照明应用方案

车辆段及停车场内道路较多，道路照明一般采用灯杆照明，该部分灯杆照明完全可采用独立光伏电源系统的灯杆照明，灯杆和太阳能电池板、逆变器、蓄电池等整体设计，并设置时间或亮度控制模式，根据需要完成灯杆的照明。目前市政工程已普遍采用该种照明方案，轨道交通工程中北京地铁 15 号线马泉营车辆段室外路灯已采用该方案，目前已成功运行，效果良好。

6. 车载光伏应用方案

车载光伏发电系统将光伏组件铺设在车体上方、侧墙或玻璃上，适用于在郊区地面运行的市郊轨道交通，但其发电面积受车体局限，容量不大，可供车内照明用电或作为驱动电动车的电源，能量剩余时给蓄电池充电。

7. 控制中心应用方案

城市轨道交通控制中心一般位于市内交通繁忙的“黄金”地段，高度一般在 50～100m，地理位置上的优势为其创造商业价值提供了条件，在控制中心靠南的一面墙壁装设太阳能光伏幕墙，并在幕墙上安装发光二极管(light emitting diode，LED)广告牌，白天利用太阳能幕墙吸收太阳能，并将太阳能转换的电能存储于蓄电池组，夜晚蓄电池组释放能量，点亮 LED 广告牌，可以做到既美观又节能环保，而轨道交通公司则可以通过出租或出售广告牌的方式获取商业利益。

综上，车辆段和停车场由于可安装的光伏发电系统容量较大，其应用形式一般为并网发电，太阳能电池板发出的电能经逆变器和控制器后接入城市轨道交通供电系统，这样不仅便于管理维护，而且可以取消蓄电池的配置。白天天气晴朗时，太阳能光伏发电系统发出的电能可供停车场和车辆段部分负荷使用，差额部分从中压环网中获取；夜晚或阴雨天，停车场和车辆段的负荷从中压环网中获取电能。控制中心、高架车站和高架区间的应用形式可采用离网发电系统，并配置储能系统。白天天气晴朗时，太阳能光伏发电系统储存能量；夜晚或阴雨天，蓄电池组通过逆变装置向负载供电。当蓄电池组能量耗尽时，由自动转换装置将负载切换到中压环网供电系统。

8.4　光伏发电在城市轨道交通中的应用现状

城市轨道交通是电力消耗大户，目前包含地铁在内，全国城市轨道交通年耗电量约 103 亿 kWh，占全国总耗电量的 1.7‰左右。到 2020 年底我国轨道交通总里程将达 13385km，涉及 79 座城市，年耗电量将达 468 亿 kWh，占目前全年总电耗的 7.7‰左右，节能需求也日渐紧迫。为了合理控制轨道能耗，不少地方目前正尝试用光伏发电进行用电替代。

8.4.1　车辆段分布式光伏发电项目

1. 上海分布式光伏发电系统电力接入方案

2012 年，由上海申通地铁股份有限公司主持建设，在上海 12 号线、11 号线以及 16 号线三条轨道交通的车辆基地内尝试采用光伏发电系统及配套设施的工程。上海轨道交通车辆基地屋顶为 10MW 太阳能光伏建筑应用一体化示范项目，项目包括川杨河车辆基地装机容量约7.6MWp，金桥基地装机容量约 1.9MWp，治北车辆基地装机容量约0.5MWp。工程采用并网非逆变光伏发电系统和光伏建筑一体化设计方案。根据各线路车辆基地光伏发电系统的发电量，同时结合各线路用能特点，分别采用车站级 35kV 侧并网方式、主变电站 35kV 侧并网方式以及车辆基地降压变电站低压 0.4kV 侧并网方式，所发电力“自发自用，余电上网”。项目于 2011 年 10 月展开研究实施工作，2012 年被列入 2012 年第二批光电补贴项目名录，三项工程分批建设，于 2015 年 6 月 30 日全部竣工。上海轨道交通车辆基地光伏发电工程如图 8-8 所示。

川杨河光伏发电系统采用 35kV 电压并网方案，所发电能通过 35kV 开关柜送到罗山路主站，所供负载包括 11 号线迪士尼到三林东，16 号线龙阳路到野生动物园区间。同样，金桥基地光伏发电系统所发电能通过 35kV 开关柜送到金海路混合变电站，所供负载包括 12 号线金海路站和金桥车辆基地，并网点为巨峰路主变电站。治北停车场光伏发电系统因总安装容量仅 0.5MWp，因此采用 400V 低压并网方案。通过 400V 开关柜送到治北混合变电站 400V 母排，所发电量自发自用。当并网处一回既有进线电源(检修或故障)退出运行时，母线分段断路器合闸，由另一回进线电源承担该所供电范围内的动力照明一、二级负荷；系统运行方式保持不变。而采用高压侧并网方式时，当一台升压变压器或一回光伏并网 35kV 电缆发生故障时，相应 35kV 并网开关柜的断路器分闸，其余回路保持原运行状态。

图 8-8 上海轨道交通车辆基地光伏发电工程

上海轨道交通车辆基地光伏并网项目建成后年发电量877.9万kWh，若按0.86元/kWh 的价格进行计算，约 9 年收回全部成本，按 25 年设计使用年限计算，可节约成本超过 1 亿元。目前 3 个车辆基地屋顶分布式光伏发电系统运行良好，自用电比例高，可为上海轨道交通持续提供清洁能源，同时经济效益良好，取得显著社会效益。

2. 河北省石家庄地铁车辆段综合基地光伏发电项目

2016 年 10 月 17 日，河北省石家庄地铁西兆通综合维修基地建成国内首个地铁车辆段光伏发电项目，该分布式光伏电站选用 255Wp 型多晶硅光伏组件，为最佳倾角(经计算，最佳倾角为 31°)固定式安装，铺设 1.2 万 m^2 太阳能极板，共布置组件 3000 多块，安装容量约为 1MW。

该项目投用后，每年将为地铁提供 100 余万千瓦时绿色电能，每年可节省标准煤 400t，可减少粉尘排放 300t，氮氧化合物排放 16t，二氧化碳排放 1100t，二氧化硫排放 33t。石家庄城市轨道交通 1 号线西兆通综合维修基地的分布式电站如图 8-9 所示。

图 8-9　石家庄城市轨道交通 1 号线西兆通综合维修基地的分布式电站

3. 广州鱼珠车辆段分布式光伏电站

2018 年 12 月 12 日由广州地铁和厦门科华恒盛股份有限公司共同建设的广州地铁鱼珠车辆段 5MW 光伏电站正式运行，是目前国内规模最大的结合地铁交通的分布式光伏电站。该光伏项目位于 5 号线鱼珠车辆段内，在车辆段运用库、主检修库等共计约 7 万 m^2 的屋面安装太阳能光伏发电设备，采用自发自用、余电上网模式。

项目年平均发电量能达到 420 万 kWh，每年可替代 1623.45t 煤炭消耗，实现节能降耗、绿色可持续发展的目标。项目发电将引入地铁线网，在满足车辆段全年用电的前提下，剩余部分供 5 号线使用，每年节约电费超过 40 万元。鱼珠车辆段光伏发电项目是广州地铁迈向绿色交通的又一个重要里程碑。该项目经过前期的充分研究和论证，从开工到并网发电历经 4 个多月。广州地铁鱼珠车辆段 5MW 光伏电站如图 8-10 所示。

图 8-10　广州地铁鱼珠车辆段 5MW 光伏电站

此外，广州地铁已在 14 号线一期钟落潭、新和等高架车站的闲置屋面建设分布式并网光伏发电系统，为进一步提高节能减排、降低运行成本以及提高供电可靠性提供技术支持和保障措施。

4. 呼和浩特地铁 1 号线车辆基地分布式光伏发电项目

呼和浩特市为太阳能资源丰富地区，年辐射总量达到 6241.19MJ/m^2，具备发展屋顶分布式并网光伏发电系统的必备条件。呼和浩特地铁 1 号线三间房大架修车辆基地内，停车列检库、联合检修库、洗车库及镟轮库屋顶面积超过 7 万 m^2。车辆基地内有自建的 35kV 牵引降压混合变电站一座，与周围 12 座地铁车站 35kV 系统组成环网，由回民区政府 110kV 变电站(地铁 1、3、5 号线共享主站)供电；地铁 1 号线低压动照近期最大负荷约 11MW(其中季节性负荷约占 40%)，远期约 14.5MW，牵引供电负荷近期约 8.8MW，远期约 12MW，近期最大用电负荷约 19.8MW，远期最大用电负荷约 26.5MW；地铁牵引系统设有再生能制动回馈系统。此工程采用目前主流 275W 多晶硅电池板，电池板串联数量为 22 块，采用上下两行竖排方式。屋顶光伏组件采用呼和浩特地区最优倾角36°方式，屋顶最大可布置光伏容量 3MW。基地内 35kV 牵引降压混合变电站电源引自回民区政府 10kV 主变电站 35kV 母线段，采用 3×240mm^2 铜芯电缆环网供电，供电距离约 5km。选择在车辆段内 35kV 牵引降压混合变电站母线并网，满足光伏发电并网条件。根据光伏装机容量 2.75 MW，选用 4 台 630kW 逆变器和 2 台 1250kVA 升压变压器，升压至 35kV 并入车辆段牵引降压混合变电站 35kV 母线。呼和浩特光伏发电系统在 5 月和 9 月发电量最大，此时地铁季节性用电负荷恰好停运，地铁用电处于低谷期。地铁低压用电按 80%波动计算，则地铁低谷用电负荷为 11×0.8×0.6=5.28(MW)，大于分布式电源 4.95MW，因此本工程可实现全额自发自用。

8.4.2 地铁站/高架车站光伏发电项目

1. 北京地铁 14 号线张郭庄站光伏发电项目

2013 年 5 月，我国首座屋顶安装有太阳能光伏发电系统的地铁站——北京地铁 14 号线张郭庄站建成运营，采用半透光太阳能电池组件排布，拥有装机容量为 60kW 的太阳能光伏发电系统运行正常，日均发电量 40～50kW，承担了张郭庄站 1/3 的日常用电。

张郭庄站屋顶太阳能电池组件将太阳能转化的电能经直流电缆将电能馈至站内首层照明配电室的两台逆变柜，再进行交直流转换，经交流配电柜监测逆变后的交流电达到 380V 时，将电能注入张郭庄站低压开关柜的并网点并注入电能。此套系统所产生的电能承担站内部分照明、空调和电梯等动力照明负载的日常用电。

2. 深圳 6 号线高架车站光伏发电项目

深圳6号线在全线共14座满足设置条件的高架车站应用了太阳能光伏发电系统。工程采用 0.4kV 侧并网方式，结合轨道交通低压供电系统采用单母线分断的主接线方案两台变压器各带用电负荷的特点，光伏发电系统分别接入车站变电站低压侧两段母线上，通过两段母线向车站低压用电设备供电。白天车站负荷优先使用光伏发电电能，当发电量不够时，不足部分由轨道交通既有电网供电；当夜晚或阴雨天光伏发电系统不能发电时，车站负荷由轨道交通既有电网供电。以一个标准高架车站为例，25 年内年平均发电量可达 23.49 万 kWh，25 年内经济效益为 576.7 万元。

3. 重庆轻轨 3 号线四公里站光伏发电项目

重庆轻轨光伏阵列安装在 3 号线一期四公里站和二期金渝站钢结构屋面上，太阳能系统采取用户侧低压 0.4kV 并网方式，不配备储能蓄电池，系统所发电能直接并入变电站内部低压配电网负荷支路，实时发电实时消耗。太阳能板选用峰值功率为 160Wp 的单晶硅组件，一期四公里站 270 块、二期金渝站 240 块，总容量 43.2kWp。以全寿命周期 25 年末功率衰减至原功率 80%估算，年均发电量达 33000kWh。

8.4.3　有轨电车光伏发电应用项目

2018 年 3 月 21 日，苏州高新有轨电车 1 号线车辆段 1742.64kW 光伏电站正式并网发电。项目并网后，预计每年可生产清洁电力约 150 万 kWh，年节约标准煤 590t，减少二氧化碳排放 1795t，具有良好的环境效益，将对高新区节能减排、能源结构改善发挥积极作用。另外，青海省德令哈市新能源现代有轨电车项目工程于 2019 年 9 月 25 日全线建成并开始投入运行，项目投资 15 亿元、建设规模为 15km、设站 20 座，车辆基地建设规模 6.7hm^2，建成后将采用光伏发电发热，实现从源头上保证绿色能源。

8.4.4　车载光伏应用项目

1. 国外城市轨道交通车辆光伏发电应用现状

2005 年 10 月，意大利展示了欧洲第一辆使用太阳能的火车，这种火车在车厢顶部安装了太阳能板，用于为车上的空气控制设备、照明系统和安全系统提供能源；在 2010 年，法国的 TER-SCNF 国有铁路公司测试了光伏-柴油混合动力系统，其车顶安装了 990Wp 光伏发电系统，用于动力分散式内燃机组(diesel multiple unit，DMU)系统中的电气照明；2011 年，印度铁路公司在车顶安装了一个 1kWp 的光伏发电系统，能为电气负载提供 420W 的功率；2011 年 6 月 6 日，比利时的太阳能火车投入运营，该车运行所需电力全部由 16000 块设置在高速铁路隧道顶板的太阳能电池提供，而非车载太阳能电池；2013 年，伊朗进行的一个相似研究显示车载光伏发电系统可以在光照条件较好的季节提供 74%的车厢耗能，在光照较差的季节提供 25%的耗能，车载光伏发电系统最大可以输出 63.7kWh 的能量，相当于每年减少 37t 二氧化碳排放；2015 年，瑞士铁路运营商 Swiss South Eastern Railway AG 对太阳能进行可行性研究；2017 年 7 月 14 日，印度太阳能火车正式投入使用，如图 8-11 所示，该车共有 6 节车厢，铺设 16 块太阳能电池板，每块电池板的发电能力可达到 300W，此外还安装了电池组，多余电能将被储存在电池组，共同为列车照明、广播、开关门操作等供电；2017 年 7 月 18 日，世界首辆以太阳能为动力的火车如图 8-12 所示，在澳大利亚著名景点位于新南威尔士州北海岸的拜伦湾运行，首次运行载客近 100 名。

图 8-11 印度太阳能火车

图 8-12 澳大利亚太阳能火车

2. 国内城市轨道交通车辆光伏发电应用现状

在国内，轨道交通中应用太阳能的主要方式是将太阳能电池板安装在高架车站(最多)、车辆段停车场(其次)、高架区间、地下站出入口集散地等，为车站提供照明和一般机电负荷供电，如上海虹桥火车站、天津西站、南京南站等已经建立了并网光伏发电系统。

目前，国内将光伏电池用在轨道车辆上研究相对较少。中车青岛四方机车车辆股份有限公司的侯霄等基于电力机车主变压器集中供电的普通客车及动车组客车，对太阳能电池在轨道车辆上应用的经济性进行了评估，其探讨的光伏发电技术主要针对车用 DC 110V、DC 48V、DC 24V 以及充电池、蓄电池组等的用电。

中车唐山机车车辆有限公司(以下简称“中车唐山”)开展了太阳能光伏发电在新能源轨道车辆上应用的研究。与传统有轨电车不同，新能源有轨电车采用燃料电池作为主动力源，动力电池和超级电容作为辅助电源，起到满足车辆启动时大功率输出需求、提高车辆动力响应特性、保证燃料工况稳定、吸收制动能量等作用。在该系统中引入光伏电池有以下三个作用：

(1)为燃料电池提供辅机功率。能够与储能模块构成光伏储能系统，为燃料电池辅机系统(空压机、散热器、循环泵、阀门、控制器等)供电，同时提供燃料电池为保温系统户外供电。

(2)为列车辅助系统提供功率。光伏储能系统为照明、门控、列控等系统供电，转换为 380V/220V 交流电为空调风机、电热玻璃等设施供电。

(3)为车载动力储能提供自放电补偿功率。太阳能光伏阵列经直流升压模块输出 750V 直流电，与车载储能模块相连，以解决车载储能模块因自放电导致的过放问题，从而实现车载储能的免维护存放。

城市轨道交通作为现代化的交通工具，行业发展迅速，是未来的轨道交通主力，同时也带来了巨大能源消耗。而太阳能光伏发电技术的诞生和发展无疑给城市轨道交通提供了新的科技力量和动力，将光伏储能发电应用于城市轨道交通已成为现代城市轨道交通降低能耗技术发展的方向，也是城市轨道交通向绿色环保发展的必然趋势。光伏发电技术目前在轨道交通应用的范围还是比较狭窄，需要不断依靠新的政策和科技实力进行创新和推广，才能扩大应用范围。

8.5 本章小结

本章扩展介绍了光伏发电在城市轨道交通中的应用，首先针对城市轨道交通供电系统进行了概述，分别针对地铁、轻轨、有轨电车等不同供电工程下的负荷用电特性进行了分析；然后研究了光伏发电在城市轨道交通中的并网技术，指出了 5 种可行的并网运行模式，包括主变电站 AC 35kV 侧并网模式、牵引变电站+降压变电站 AC 35kV 侧并网模式、降压变电站 AC 400V 侧并网模式、牵引变电站牵引侧 DC 1500V 并网模式、牵引变电站牵引侧 AC 27.5kV 并网模式，并对各种模式下的接入特性进行了分析；接着对光伏发电在车辆段、高架车站、高架区间、地下站出入口集散广场、道路照明、车载光伏、控制中心等地的应用方案及国内外应用现状进行了详细分析与梳理总结，以期对推动光伏接入下的轨道交通工程建设提供一定的技术参考。

参 考 文 献

[1] 全生明. 大规模集中式光伏发电系统运行与调度[M]. 北京：中国电力出版社，2016.

[2] 国家能源局. 2018 年光伏发电站计信息[ED/OL]. http://www.nea.gov.cn/2019-03/19/c_137907428.htm [2019-03-19].

[3] 国家能源局. 国家能源局综合司关于 2017 年前三季度缓解弃水弃风弃光状况的通报[ED/OL]. http://zfxxgk.nea.gov.cn/auto87/201711/t20171114_3057.htm[2017-11-09].

[4] 陈国平，李明节，许涛，等. 关于能源发展的技术瓶颈研究[J]. 中国电机工程学报，2017，31(1)：20-26.

[5] 舒印彪，张智刚，郭剑波，等. 新能源消纳关键因素分析及解决措施研究[J]. 中国电机工程学报，2017，37(1)：1-8.

[6] 王淑娟，景芳毅. 从度电成本分析光伏平价的路径[J]. 太阳能，2016，(8)：9-16.

[7] 伍勇旭，杨光. 关于我国可再生能源发展的政策思考[J]. 中国能源，2016，38(9)：23-25.

[8] 国家发展改革委员会，国家能源局. 解决弃水弃风弃光问题实施方案(发改能源[2017]1942 号)[Z]. 2017-11-08.

[9] Khayyam S，Ponci F，Goikoetxea J，et al. Railway energy management system：Centralized-decentraliz automation architecture[J]. IEEE Transactions on Smart Grid，2016，7(2)：1164-1175.

[10] 邓文丽，戴朝华，陈维荣. 轨道交通能源互联网背景下光伏在交/直流牵引供电系统中的应用及关键问题分析[J/OL].中国电机工程学报:1-11. http://kns.cnki.net/kcms/detail/11.2107.TM.20190606.1614.004.html[2019-08-15].

[11] 丁荣军，张志学，李红波. 轨道交通能源互联网的思考[J]. 机车电传动，2016，(1)：1-5.

[12] 中国铁路总公司. 2017年铁路建设任务圆满完成[ED/OL]. http://www.china-railway.com.cn/xwdt/jrtt/201801/t20180101_69540.html[2018-01-01].

[13] 周新军. 铁路利用新能源和可再生能源潜力分析[J]. 中外能源，2016，21 (5)：29-34.

[14] 国家发展改革委员会，交通运输部，中国铁路总公司. 中长期铁路网规划[Z]. 2016-07-13.

[15] 周新军. 国外铁路节能减排发展新趋势[J]. 铁路节能环保与安全卫生，2016，6(2)：90-94.

[16] 清华大学能源互联网创新研究院. 2035全民光伏发展研究报告[ED/OL]. http://www.sohu.com/a/221649580_100049846[2018-02-08].

[17] 杨全亮. 新能源和可再生能源在铁路应用现状及展望[J]. 铁路节能环保与安全卫生，2015，5(3)：106-108.

[18] 国家发展改革委员会，交通运输部，国家铁路局等. 铁路“十三五”发展规划(发改基础〔2017〕1996 号)[Z]. 2017-11-20.

[19] 董军，陈来红，刘硕. 利用新能源实现铁路多元发展探讨[J]. 工程建设与设计，2016，(12)：171-173.

[20] 傅望，周林，郭珂，等. 光伏电池工程用数学模型研究[J]. 电工技术学报，2011，26(10)：211-216.

[21] 赵争鸣. 太阳能光伏最大功率点跟踪技术[M]. 北京：电子工业出版社，2012.

[22] 陈炜，艾欣，吴涛，等. 光伏并网发电系统对电网的影响研究综述[J]. 电力自动化备，2013，(2)：26-32，39.

[23] 吴理博. 光伏并网逆变系统综合控制策略研究及实现[D]. 北京：清华大学，2006.

[24] 焦在强，许洪华. 单级式并网光伏逆变器[J]. 可再生能源，2004，(5)：34-36.

[25] 刘飞. 三相并网光伏发电系统的运行控制策略[D]. 武汉：华中科技大学，2008.

[26] 刘刚，梁燕，汪海涛，等. MW级光伏发电系统并网技术方案研究[J]. 电源世界，2016，(1)：41-45.

[27] 刘皓明，陆丹，杨波，等. 可平抑高渗透分布式光伏发电功率波动的储能电站调度策略[J]. 高电压技术，2015，(10)：3213-3223.

[28] 许守平，李相俊，惠东. 大规模储能系统发展现状及示范应用综述[J]. 电网与清洁能源，2013，(8)：94-100，108.

[29] 张卫东，刘祖明，申兰先. 利用储能平抑波动的光伏柔性并网研究[J]. 电力自动化备，2013，(5)：106-111.

[30] Watanabe R，Ito Y，Hida Y，et al. Optimal capacity selection of hybrid energy storage systems for suppressing PV output fluctuation[C]. Innovative Smart Grid Technologies-Asia，2012: 1-5.

[31] 李滨，陈姝，梁水莹. 一种平抑光伏系统输出波动的储能容量优化方法[J]. 电力系统保护与控制，2014，(22)：45-50.

[32] Trung T T，Ahn S J，Choi J H，et al. Real-time wavelet-based coordinated control of hybrid energy storage systems for denoising and flattening wind power output[J]. Energies，2014，7(10)：6620-6644.

[33] 林少伯，韩民晓，赵国鹏，等. 基于随机预测误差的分布式光伏配网储能系统容量配置方法[J]. 中国电机工程学报，2013，(4)：25-33，5.

[34] 李丹丹，苏小林，阎晓霞，等. 储能优化配置关键问题分析[J]. 电力建设，2016，(9)：70-78.

[35] 房旭雪，叶林，赵永宁，等. 平抑风电功率波动的储能容量经济配置方法[J]. 电网与清洁能源，2013，(12)：101-106，118.

[36] 刘忠义，李庚银. 混合型孤立微网全寿命周期经济性评估[J]. 现代电力，2015，(4)：1-7.

[37] 薛金花，叶季蕾，陶琼，等. 采用全寿命周期成本模型的用户侧电池储能经济可行性研究[J]. 电网技术，2016，(8)：2471-2476.

[38] 张晴，李欣然，杨明，等. 净效益最大的平抑风电功率波动的混合储能容量配置方法[J]. 电工技术学报，2016，(14)：40-48.

[39] 谭秀炳. 交流电气化铁路牵引供电系统[M]. 4版. 成都：西南交通大学出版社，2014.

[40] 于坤山，周胜军，王同勋，等. 电气化铁路供电与电能质量[M]. 北京：中国电力出版社，2010.

[41] 李群湛，贺建敏. 牵引供电系统分析[M]. 成都：西南交通大学出版社，2012.

[42] Hayashiya H，Yoshizumi H，Suzuki T，et al. Necessity and possibility of smart grid technology application on railway power supply system[C]. European Conference on Power Electronics and Applications，IEEE，2011：1-10.

[43] Morita Y，Honda M，Kuraoka T，et al. Analysis of local smoothing effect on the PV on Tokyo station[C]. International Conference on Renewable Energy Research and Applications，IEEE，2012：1-6.

[44] Miyagawa T，Hayashiya H，Yamada H，et al. Cooperative control of reactive power of distributed PV systems to suppress voltage of distribution line along railroad track[C]. European Conference on Power Electronics and Applications，IEEE，2015: 1-7.

[45] Ananduta W，Maestre J M，Ocampo-Martinez C，et al. Resilient distributed model predictive control for energy management for systems of interconnected microgrids[J]. Optimal Control Applications & Methods, 2019: 1-24.
[46] 陈佳玲. 太阳能供电装置在美国铁路上的应用[J]. 铁道科技动态，1982，(7)：35.
[47] 埃里克·克里斯库本. 德国铁路 将靠绿色能源供电[J]. 今日科苑，2012, (6): 23-24.
[48] Jaffery S H I，Khan M，Ali L，et al. The potential of solar powered transportation and the case for solar powered railway in Pakistan[J]. Renewable & Sustainable Energy Reviews，2014，39(6)：270-276.
[49] Lori L，Redi P，Ruzinsky M. Grid connected PV supply units for railway applications[C]. IEEE，1996：1477-1480.
[50] Alam K S，Khan T A，Azad A N，et al. Modeling and computation of a solar-piezoelectric hybrid power plant for railway stations[C]. International Conference on Informatics，Electronics & Vision，2012：155-159.
[51] 谢汉生，黄茵，马龙. 铁路行业利用新能源和可再生能源状况调研分析[J]. 铁道劳动安全卫生与环保，2010，37(5)：266-269.
[52] 北极星太阳能光伏网. 国内火车站分布式光伏电站项目一览[ED/OL]. http://www.360doc.com/content/16/1112/06/ 30156082_605790839.shtml[2016-11-12].
[53] Hayashiya H，Yoshizumi H，Suzuki T，et al. Necessity and possibility of smart grid technology application on railway power supply system[C]. European Conference on Power Electronics & Application，2011，41(8)：1-10.
[54] Ciccarelli F，di Noia L，Rizzo，R. Integration of photovoltaic plants and supercapacitors in tramway power systems[J]. Energies，2018，11(2)：410.
[55] Mayer O，Lynass M，Gómez M，et al. Design aspects for high voltage MW PV systems for railway power supply[C]. European PV Solar Energy Conference，2014: 2875-2879.
[56] 王志儒，孟亚辉，沈云，等. 基于太阳能发电的新型铁路运输模型的研究[J]. 中国科技投资，2013，(30): 89-91.
[57] 戴朝华，邓文丽，邬明亮，等. 一种应用于电气化铁路的多能互补并网系统及控制方法[P]：中国，CN 107749637 A. 2018-03-02.
[58] Aguado J，Sanchez-Racero A J，de la Torre S. Optimal operation of electric railways with renewable energy and electric storage systems[J]. IEEE Transactions on Smart Grid，2018，9(2)：993-1001.
[59] 中国电力网. 沙良铁路现代综合物流园光伏项目6月底开始送电[ED/OL]. http://www.chinapower.com.cn/gfxm/20160617/32807.html[2016-06-17].
[60] 邬明亮，戴朝华，邓文丽，等. 电气化铁路背靠背光伏发电系统及控制策略[J]. 电网技术，2018，(2)：541-547.
[61] Wu M L，Wang W Y，Deng W L，et al. Back-to-back PV grid-connected system for electrified railway and its control strategy[C]. Asia-Pacific IEEE Transportation Electrification，2017：1-6.
[62] 邬明亮. 电气化铁路光伏发电技术及其经济性研究[D]. 成都：西南交通大学，2018.
[63] 邬明亮，戴朝华. 电气化铁路自发自用型光伏储能系统及其控制策略[J]. 供用电，2018，35(12)：56-62.
[64] 邓文丽，戴朝华，韩春白雪，等. 计及再生制动能量回收和电能质量改善的铁路背靠背混合储能系统及其控制方法[J]. 中国电机工程学报，2019，39(10)：2914-2924.
[65] 邓文丽，戴朝华，郭爱，等. 光伏接入牵引供电系统谐波交互影响及其适应性分析[J]. 电力自动化设备，2019，39(4)：181-189.
[66] 潘雷雷，李国丽，胡存刚. 新型占空比直接控制的光伏 MPPT 研究[J]. 电气传动，2011，44(7)：25-29.

[67] 方波，李明，康龙云. 直接占空比扰动的新型光伏自适应爬山法[J]. 电力系统及其自动化学报，2014，26(9)：30-34.

[68] 丁坤，翟泉新，张经炜，等. 一种光伏组件输出功率的估算模型[J]. 可再生能源，2014，32(3)：275-278.

[69] Schwingshackl C，Petitta M，Wagner J E，et al. Wind effect on PV module temperature：Analysis of different techniques for an accurate estimation[J]. Energy Procedia，2013，40：77-86.

[70] 李群湛，解绍锋，张丽，等. 电气化铁路供电系统及其电能质量控制技术[M]. 北京：中国电力出版社，2015.

[71] 杨明. 大型光伏电站逆变器并网控制策略及稳定性分析[D]. 重庆：重庆大学，2014.

[72] 吴云亚，阚加荣，谢少军. 基于双 *d-q* 坐标系的并网逆变器控制策略[J]. 电工技术学报，2011，26(8)：106-112.

[73] 罗培，黄强，李司琦，等. V/v 接线牵引变电所负序和无功综合优化控制[J]. 中国电机工程学报，2017，(18)：5266-5274.

[74] Luo A，Ma F J，Wu C P，et al. A dual-loop control strategy of railway static power regulator under v/v electric traction system[J]. IEEE Transactions on Power Electronics，2011，26(7)：2079-2091.

[75] Roudsari H，Jalilian A，Jamali S. Flexible fractional compensating mode for railway static power conditioner in V/v traction power supply system[J]. IEEE Transactions on Industrial Electronics，2018，65(10)：7963-7974.

[76] 王承民，孙伟卿，衣涛，等. 智能电网中储能技术应用规划及其效益评估方法综述[J]. 中国电机工程学报，2013，33(7)：33-41，21.

[77] 丁明，陈忠，苏建徽，等. 可再生能源发电中的电池储能系统综述[J]. 电力系统自动化，2013，37(1)：19-25，102.